Software-Architektur kompakt

Werke der „kompakt-Reihe" zu wichtigen Konzepten und Technologien der IT-Branche:

- ermöglichen einen raschen Einstieg,
- bieten einen fundierten Überblick,
- sind praxisorientiert, aktuell und immer ihren Preis wert.

Bisher erschienen:

- Heide Balzert
  UML kompakt, 2. Auflage
- Andreas Böhm / Elisabeth Felt
  e-commerce kompakt
- Christian Bunse / Antje von Knethen
  Vorgehensmodelle kompakt, 2. Auflage
- Holger Dörnemann / René Meyer
  Anforderungsmanagement kompakt
- Christof Ebert
  Outsourcing kompakt
- Christof Ebert
  Risikomanagement kompakt
- Karl Eilebrecht / Gernot Starke
  Patterns kompakt, 3. Auflage
- Andreas Essigkrug / Thomas Mey
  Rational Unified Process kompakt, 2. Auflage
- Peter Hruschka / Chris Rupp / Gernot Starke
  Agility kompakt, 2. Auflage
- Oliver Hummel
  Aufwandsschätzungen in der Software- und Systementwicklung kompakt
- Arne Koschel / Stefan Fischer / Gerhard Wagner
  J2EE/Java EE kompakt, 2. Auflage
- Michael Kuschke / Ludger Wölfel
  Web Services kompakt
- Torsten Langner
  C# kompakt
- Pascal Mangold
  IT-Projektmanagement kompakt, 3. Auflage
- Michael Richter / Markus Flückiger
  Usability Engineering kompakt, 2. Auflage
- Thilo Rottach / Sascha Groß
  XML kompakt: die wichtigsten Standards
- SOPHIST GROUP / Chris Rupp
  Systemanalyse kompakt, 2. Auflage
- Gernot Starke / Peter Hruschka
  Software-Architektur kompakt, 2. Auflage
- Ernst Tiemeyer
  IT-Controlling kompakt
- Ernst Tiemeyer
  IT-Servicemanagement kompakt
- Ralf Westphal
  .NET kompakt
- Ralf Westphal / Christian Weyer
  .NET 3.0 kompakt

Gernot Starke / Peter Hruschka

Software-Architektur kompakt

– angemessen und zielorientiert

2. Auflage

Autoren
Dr. Gernot Starke
E-Mail: gs@gernotstarke.de

Dr. Peter Hruschka
E-Mail: hruschka@b-agile.de

Weitere Informationen zum Buch finden Sie unter www.spektrum-verlag.de/978-3-8274-2834-9

Wichtiger Hinweis für den Benutzer
Der Verlag und die Autoren haben alle Sorgfalt walten lassen, um vollständige und akkurate Informationen in diesem Buch zu publizieren. Der Verlag übernimmt weder Garantie noch die juristische Verantwortung oder irgendeine Haftung für die Nutzung dieser Informationen, für deren Wirtschaftlichkeit oder fehlerfreie Funktion für einen bestimmten Zweck. Ferner kann der Verlag für Schäden, die auf einer Fehlfunktion von Programmen oder ähnliches zurückzuführen sind, nicht haftbar gemacht werden. Auch nicht für die Verletzung von Patent- und anderen Rechten Dritter, die daraus resultieren. Eine telefonische oder schriftliche Beratung durch den Verlag über den Einsatz der Programme ist nicht möglich. Der Verlag übernimmt keine Gewähr dafür, dass die beschriebenen Verfahren, Programme usw. frei von Schutzrechten Dritter sind. Die Wiedergabe von Gebrauchsnamen, Handelsnamen, Warenbezeichnungen usw. in diesem Buch berechtigt auch ohne besondere Kennzeichnung nicht zu der Annahme, dass solche Namen im Sinne der Warenzeichen- und Markenschutz-Gesetzgebung als frei zu betrachten wären und daher von jedermann benutzt werden dürften. Der Verlag hat sich bemüht, sämtliche Rechteinhaber von Abbildungen zu ermitteln. Sollte dem Verlag gegenüber dennoch der Nachweis der Rechtsinhaberschaft geführt werden, wird das branchenübliche Honorar gezahlt.

Bibliografische Information der Deutschen Nationalbibliothek
Die Deutsche Nationalbibliothek verzeichnet diese Publikation in der Deutschen Nationalbibliografie; detaillierte bibliografische Daten sind im Internet über http://dnb.d-nb.de abrufbar.

Springer ist ein Unternehmen von Springer Science+Business Media
springer.de

2. Auflage 2011

Planung und Lektorat: Dr. Andreas Rüdinger, Barbara Lühker
Herstellung und Satz: Crest Premedia Solutions (P) Ltd, Pune, Maharashtra, India
Umschlaggestaltung: SpieszDesign, Neu-Ulm

ISBN 978-3-8274-2834-9

Inhaltsverzeichnis

Inhaltsverzeichnis

Warum Architektur?

Als Berater und Trainer lernen wir viele Projekte unterschiedlicher Branchen kennen. Im Jahre 2008 haben wir „40 Jahre Software Engineering" gefeiert. 40 Jahre, seit einige führende Forscher und Entwickler bei der Internationalen Software-Engineering-Konferenz (ICSE) in Garmisch-Partenkirchen den Grundstock für systematische Softwareentwicklung als Ingenieursdisziplin legten und begannen, die Kunst der Softwareentwicklung schrittweise zum soliden Handwerk umzubauen.

Wir konnten in den vielen Jahren unserer Tätigkeiten tatsächlich einige Verbesserungen in der Softwareentwicklung beobachten. So beginnt zum Beispiel kaum jemand ein Projekt ohne vernünftige Planung und Schätzung. Projektmanagement nehmen wir – mit Ausnahme einiger oft politisch motivierter Monsterprojekte – als beherrschte Tätigkeit wahr. Auch implementieren und testen können wir mittlerweile ziemlich gut. Die Vielzahl der in Betrieb befindlichen Softwaresysteme belegt dies eindrucksvoll.

In den letzten 10–15 Jahren rückten die Themen Requirements Engineering, Businessanalyse und Systemanalyse in den Vordergrund. Viele Unternehmen haben eingesehen, dass ohne vernünftig aufbereitete Problemstellungen (= Requirements) fast zwangsläufig falsche oder unbrauchbare Lösungen entstehen. Deshalb haben zahlreiche Organisationen und Experten daran gearbeitet, das Berufsbild des Requirements Engineers zu stärken und die Analysetätigkeiten in Projekten sehr ernst zu nehmen (siehe beispielsweise [Cert-RE]).

Lediglich auf dem Gebiet zwischen Systemanalyse und Codierung beobachten wir noch viele weiße Flecken auf der IT-Landkarte. Fragen wir Unternehmen nach der Architekturdokumentation der in Betrieb befindlichen Systeme, so erhalten wir meist eine der drei folgenden Antworten:

1. „Architekturdokumentation? Dafür hatten wir keine Zeit!"
2. „Als wir damals mit dem Projekt begannen, gab es ein paar Unterlagen. Aber diese Dokumente sind längst veraltet."
3. Am häufigsten treffen wir jedoch auf die Antwort: „Ursprünglich kannten alle Beteiligten die Struktur des Systems. Im Laufe der Zeit ging, durch zahlreiche Erweiterungen und diverse Personalwechsel, der Überblick verloren."

Diesen (desolaten) Zustand möchten wir ändern. Wir halten im Zuge langlebiger Softwaresysteme eine stärkere Berücksichtigung der Architektur für erfolgsentscheidend und nachhaltig sinnvoll. Das gilt auch für kleinere Systeme – nicht nur für ganz große!

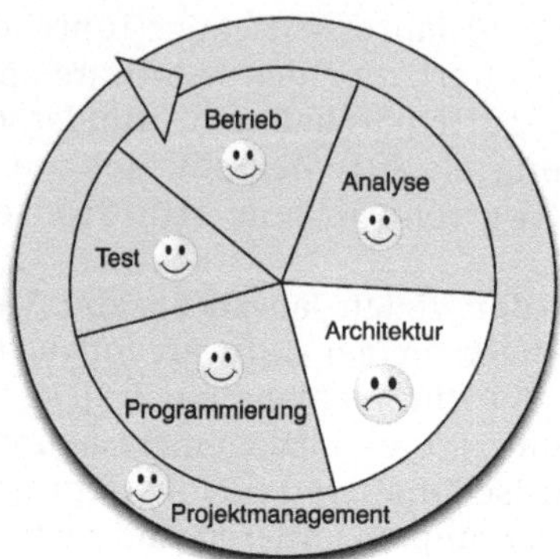

Wir zeigen Ihnen in diesem Buch, wie Sie mit pragmatischen Ansätzen zur Architektur Ihre Systeme schneller und besser konstruieren können. Damit verbessern Sie die langfristige Wartbarkeit und Verständlichkeit und behalten auch nach Jahren noch den Überblick über die Strukturen und Zusammenhänge innerhalb Ihrer Systeme.

Bevor wir Ihnen das Berufsbild und die Verantwortung von Software-Architekten näher bringen und Ihnen aufzeigen, wie Sie angemessen und zielorientiert mit Software-Architekturen umgehen, beantworten wir drei Kernfragen:

1. Was ist Architektur?
2. Warum sollten Sie Architekturen dokumentieren?
3. Welche Eigenschaften besitzt eine angemessene Software-Architektur?

Was ist Architektur?

Die Architektur eines Systems beschreibt die Strukturen des Systems, dessen Bausteine, Schnittstellen und deren Zusammenspiel. Die Architektur besteht aus Plänen und enthält meistens Vorschriften oder Hinweise, wie das System erstellt oder zusammengebaut werden sollte.

Als Plan unterstützt die Architektur die Herstellung (hier: Programmierung und Test), die Weiterentwicklung und den Einsatz des Systems (hier: Betrieb). Allerdings lernen Architekten oftmals durch die Implementierung mehr über die Strukturen und Konzepte des Systems, sodass Architekturen synchron zum Code weiterentwickelt werden. Nur ganz selten können Architekten ganze Systeme *a priori* entwerfen.

Verwechseln Sie Architektur nicht mit dem fertigen System: Software-Architektur ist der *Plan* des Systems – nicht das System selbst. Software-Architektur besteht nicht nur aus Quellcode oder Unit-Tests (auch wenn manche Programmier-Freaks gerne Code über Alles stellen).

Daher ist es für Software-Architekten wichtig, sich mit der Beschreibung von Softwaresystemen zu beschäftigen. Sie müssen verständliche, redundanz- und widerspruchsfreie, effektive und effiziente Pläne Ihrer Systeme erstellen, auf deren Basis Sie selbst mit Entwicklungsteams dann laufende Software bauen.

Andere Disziplinen, wie Maschinenbau, Immobilienarchitektur und Elektrotechnik, haben ungeheuer von der Standardisierung ihrer jeweiligen Pläne profitiert. Heute kann jeder Ingenieur die Konstruktionszeichnungen seiner Berufskollegen verstehen und weiterentwickeln. In der Informatik sind wir von dieser Standardisierung noch weit entfernt – trotz *Unified Modeling Language* (UML, siehe [Rupp+05]) oder anderen Modellierungsansätzen.

In diesem Buch zeigen wir Ihnen eine sehr praxisnahe Art solcher Pläne, die auf dem frei verfügbaren arc42-Template basiert (siehe [arc42]).

Warum sollten Sie Architektur dokumentieren?

Softwaresysteme bleiben oftmals viele Jahre im Einsatz – und werden während dessen kontinuierlich weiterentwickelt. Dieses „Leben" von Software endet oft tragisch: Mangelnde Wartbarkeit und unzureichende Dokumentation machen jede kleine Änderung zu einem Vabanquespiel mit ungewissem Ausgang. Oftmals lassen sich selbst minimale Erweiterungen nur mit massivem finanziellen Aufwand bewältigen – bis irgendwann das Nachfolgeprojekt startet ...

Sie als Software-Architekt haben es in der Hand, dieses „Verfaulen" von Software gründlich zu verhindern und Ihre Systeme langfristig wartbar, flexibel und verständlich zu konstruieren. Dafür müssen Sie auf die *innere Qualität* der Systeme achten und Ihre Architekturen *sauber* beschreiben (denken Sie an den vorigen Absatz: Architekturen sind *Beschreibungen* der Produkte).

Welche Eigenschaften hat eine angemessene Software-Architektur?

Wir haben eben eine „saubere" Architektur gefordert. Was bedeutet denn nun „sauber" für Software-Architekturen? Aus unserer Sicht bedeutet es vor allem:

- relevant
- effizient pflegbar
- sparsam
- verständlich und nachvollziehbar
- korrekt und aktuell
- prüfbar
- akzeptiert bei Lesern

Relevant

In die Architekturdokumentation gehören nur solche Informationen, die für die Architektur des Systems relevant sind. Architekturdokumentation ist keine Implementierungs- oder Quellcodedokumentation.

Die Entscheidung, welche konkrete Information für ein System relevant für die Beschreibung der Architektur ist, liegt zuerst beim Architekten. Dieser wird jedoch hoffentlich im Zuge der iterativen Architekturentwicklung andere Beteiligte dazu befragen.

Wir erachten folgende Informationen als relevant für Architekturdokumentation:

- systemspezifische Strukturen und Entscheidungen im Großen
- Entscheidungen oder Strukturen, die bedeutsam für Implementierung und spätere Änderungen sind
- unerwartete oder unkonventionelle Lösungen (hierzu zählt vieles, was Entwickler als *cool* bezeichnen)
- querschnittliche oder wiederholt auftretende Lösungsmuster, Aspekte oder technische Konzepte

Effizient pflegbar

Aufgrund des hohen Pflegeaufwands, der mit umfangreicher Dokumentation grundsätzlich verbunden ist, müssen Sie den Pflegeaufwand Ihrer Architekturdokumentation mit Verständlichkeit, Genauigkeit und Aktualität balancieren. Folgende Faktoren beeinflussen die Pflegbarkeit von Dokumentation:

- Umfang (Menge): Kürzere Dokumente sind einfacher zu pflegen.
- Redundanz: Wiederholung kann helfen, Vor- und Rücksprünge innerhalb von Dokumenten zu vermeiden, erhöht aber den Aufwand zur Pflege.
- Standardisierte Strukturen (siehe Abschnitt „Verständlich und nachvollziehbar").
- Eingesetzte Werkzeuge: Eine in den gesamten Arbeitsprozess integrierte Werkzeugkette kann den Pflegeaufwand von Dokumentation signifikant verringern – bedarf jedoch möglicherweise eines hohen Initialisierungsaufwands, um die Werkzeugkette einzurichten.

Zwei wesentliche Ansätze verbessern die Pflegbarkeit von Dokumentation: Halten Sie zum einen etablierte oder standardisierte Gliederungsstrukturen ein – das erleichtert Ihnen, Ihren Lesern sowie anderen Autoren das Zurechtfinden innerhalb der Dokumentation. Zum anderen begrenzen Sie die Menge an Details, die Sie beschreiben. Duplizieren Sie nur in (seltenen!) Ausnahmefällen Informationen, insbesondere wenn diese aus anderen Quellen (Modellen, Dokumenten, Programmcode) leicht nachgelesen werden können. Anders formuliert: Verzichten Sie auf den Versuch der *Vollständigkeit-in-jeglicher-Hinsicht*. Weniger ist oftmals mehr.

Sparsam

Ihre Devise muss lauten: „So viel wie nötig, so wenig wie möglich." Die Beschreibung von Software- oder System-Architekturen sollte grundsätzlich mit einem Überblick beginnen und Details nur nach Bedarf aufzeigen. Seien Sie gezielt faul! Überlegen Sie sich, für wen Sie wie viel Information in die Architekturdokumentation packen müssen. Je dünner Ihre Architekturdokumentation ausfällt, umso effizienter ist sie pflegbar. Das soll aber kein Freibrief für das Weglassen von Informationen sein. Die Devise beginnt mit der Aussage: „So viel wie nötig"!

Verständlich und nachvollziehbar

Verständlichkeit und Nachvollziehbarkeit von Dokumentation vereinfachen neben der Erstellung des Systems auch dessen Test, Betrieb und Weiterentwicklung – mit positiven Folgen für Kosten und Risiken des Systems.

Navigierbarkeit und Auffindbarkeit von Informationen sind die besten Freunde von Verständlichkeit. Leser müssen Informationen schnell und zuverlässig finden können. Das können Sie als Autor beispielsweise durch standardisierte Gliederungen erreichen: Dadurch wissen Leser bereits vorab, wo sich bestimmte Informationseinheiten innerhalb der Dokumentation befinden (vorausgesetzt natürlich, Ihre Leser kennen die Gliederung). Zusätzlich hilft ein Stichwortverzeichnis, unterstützt durch ein Projekt- oder Systemglossar, bei der Suche nach spezifischen Begriffen.

Ein praktischer Tipp: Lassen Sie die Verständlichkeit und Nachvollziehbarkeit Ihrer Dokumentation von Ihren Lesern bewerten. Fragen Sie Ihre Leser konkret nach Verbesserungsvorschlägen und lassen sich die Kapitel, Abschnitte oder Seiten zeigen, die Ihre Leser als schwer verständlich einstufen.

Korrekt und aktuell

Jegliche Information innerhalb der Architekturdokumentation muss korrekt sein, sodass sich sämtliche Beteiligten (beispielsweise System- und Software-Architekten, Entwickler, Tester, Manager) darauf verlassen können. Die Notwendigkeit der *Aktualität* bedeutet, dass Sie Architekturdokumentation synchron mit der Weiterentwicklung des Systems pflegen und aktualisieren müssen – deswegen auch die Forderung nach *effizienter Pflegbarkeit*. Führen Sie grundsätzlich eine Änderungshistorie der Dokumentation, um Änderungen am System mit angemessenem Aufwand nachvollziehen zu können.

Bei der Aktualität müssen Sie besonders darauf achten, dass die Strukturen und Abhängigkeiten im Quellcode konsistent zur Dokumentation bleiben. Geben Sie hierauf genau acht, denn in zeitkritischen Projektphasen geht diese Konsistenz andernfalls leicht verloren.

Korrektheit impliziert einen angemessenen Grad an Vollständigkeit, der den Informationsbedarf der unterschiedlichen Stakeholder deckt.

Verwechseln Sie aber Korrektheit nicht mit Ausgiebigkeit: Sie müssen die relevanten Dinge beschreiben, nicht möglichst viele Dinge.

Prüfbar

Zur frühzeitigen Identifikation möglicher Risiken oder Probleme sollte die Dokumentation von Software-Architekturen die Prüfbarkeit der gewählten Lösung hinsichtlich der an das System gestellten Anforderungen unterstützen. Die unterschiedlichen Architektursichten ermöglichen durch Walkthroughs die Prüfung funktionaler und nichtfunktionaler Anforderungen anhand von Bewertungs- oder Prüfszenarien (diese Sichten lernen Sie in den nachfolgenden Kapiteln kennen).

Nehmen Sie auch Prüfkriterien und Bewertungsszenarien in Ihre Architekturdokumentation auf. Das im Kapitel „Die pragmatische Vorlage" vorgestellte Template bietet hierfür Platz.

Akzeptiert bei Lesern

Letztlich können nur die Leser die Nützlichkeit und Qualität von Architekturdokumentation und -beschreibung einschätzen. Aufgrund ihrer unterschiedlichen Rollen (beispielsweise Entwickler, Betreiber, Tester, Auftraggeber) haben Leser eine unterschiedliche Erwartungshaltung an diese Dokumentation.

Befragen Sie Ihre Leser nach der subjektiv wahrgenommenen Nützlichkeit der Dokumentation. Auf Basis der betreffenden Antworten gehen Sie in nachfolgenden Iterationen auf die Bedürfnisse Ihrer Leser ein. Schreiben Sie für Ihre Leser, nicht zum Selbstzweck.

Sprache, Schreibstil und Layout

Drei Faktoren von Dokumentation möchten wir in diesem Buch bewusst nicht ansprechen, nämlich Sprache, Schreibstil und Layout. Alle drei Faktoren können den entscheidenden Unterschied zwischen langweiliger und begeisternder Architekturdokumentation ausmachen. Alle drei sind jedoch subjektive, künstlerische Faktoren, die nichts mit dem Thema dieses Buches zu tun haben.

Insbesondere können Sprache und Schreibstil signifikant zu Verständlichkeit und Akzeptanz beitragen. Formulieren Sie aktiv, positiv und prägnant. Schreiben Sie keinesfalls im berüchtigten Stil von „Keine Dateien nicht löschen?".
Schreiben Sie direkt, kommen Sie in Ihren Sätzen auf den Punkt und hüten Sie sich vor umständlichen Formulierungen. Ihre Leser werden es Ihnen danken!
Falls Sie sich für diese (wichtigen!) Themen interessieren, finden Sie hier einige Literaturtipps:

- [Zinsser 01], On Writing Well: Eine Perle im Bücherschrank – und verdientermaßen ein Bestseller. Hier finden Sie praktische Tipps für verständliches und prägnantes Schreiben. Hoffentlich haben wir einige davon umsetzen können ☺.
- [Hargis+04], Developing Quality Technical Information – A Handbook for Writers: Klar, präzise, fundiert.
- [Rechenberg 03], Technisches Schreiben: Hier lernen Sie, sich angenehm und gleichzeitig korrekt auszudrücken.
- [Schneider 86] Deutsch für Profis: Ein deutscher Bestseller von Stern-Redakteur Wolf Schneider – dem Gründer der berühmten Hamburger Journalistenschule. Hier finden Sie viele Hilfestellungen für gutes Deutsch.

Nachdem wir nun die Messlatte für brauchbare Architekturdokumentation sehr hoch gehängt haben, zeigen wir Ihnen im nächsten Kapitel unsere Vorstellung vom Berufsbild des Architekten. Das Kapitel „Grundlagen, die Sie kennen sollten" führt Sie dann in einige zentrale Begriffe zur Architektur ein, bevor wir Ihnen im Kapitel „Die pragmatische Vorlage", dem Hauptkapitel dieses Buches, unseren Lösungsvorschlag für pragmatische Architekturdokumentation in Form des arc42-Templates unterbreiten.

Im Kapitel „Ausreden, Einwände und passende Antworten" haben wir Fragen und Einwände behandelt, die uns immer wieder begegnen. Als Zusammenfassung geben wir Ihnen im Kapitel „Quintessenz" nochmals einige Merksätze und Verhaltensregeln für Architekten. Die sollten Sie sichtbar auf Ihrem Schreibtisch unterbringen, damit Sie täglich daran erinnert werden. Einige Verweise auf unsere Lieblingsbücher und tiefer gehende Literatur finden Sie im letzten Kapitel.

Die Herausforderung für Architekten

Wir teilen die (verbreitete) Meinung, dass Software-Architekten *Technologie* gut kennen müssen, um die wesentlichen technischen Entscheidungen für ein System treffen und verantworten zu können.

Software-Architekten müssen jedoch über eine Vielzahl weiterer Fähigkeiten verfügen, die über reine Technologiekenntnisse hinausgehen. Als Analogie vergleichen wir Software-Architekten mit sportlichen Zehnkämpfern, die in zehn Disziplinen Höchstleistungen erbringen müssen, nicht nur in einer einzigen. Beim Zehnkampf müssen Sportler vier unterschiedliche Distanzen laufen (100 m, 400 m, 1500 m und 110 m Hürden), drei unterschiedlichen Sprungbewerbe absolvieren (Weitsprung, Hochsprung und Stabhochsprung), sowie ihre Kraft und Technik in drei Wurfwettbewerben unter Beweis stellen (beim Kugelstoßen, Diskuswerfen und Speerwerfen). Dazu brauchen Sie viele Fähigkeiten und müssen diese jeweils richtig einsetzen. Sie brauchen Kraft, Schnelligkeit und Ausdauer, aber auch Technik, Koordinations- und Konzentrations- sowie rasche Reaktionsfähigkeit.

Zurück zur Softwareentwicklung: Betrachten wir zunächst die sechs sportlichen Herausforderungen für Software-Architekten, d. h. die Tätigkeiten, die sie verantworten. Danach stellen wir Ihnen die zehn Fähigkeiten vor, die sie zur Bewältigung dieser Tätigkeiten benötigen.

Tipps
Wir haben an vielen Stellen im Buch praktische und pragmatische Tipps zusammengestellt (und optisch abgesetzt), die Ihnen bei der Erstellung und Beschreibung von Software-Architekturen helfen können.

Tätigkeiten von Architekten

Software-Architekten bilden in Projekten meist das Bindeglied zwischen so unterschiedlichen Stakeholdergruppen wie Projektmanagern, Requirements Engineers, Entwicklern, Testern und Betreibern. Ihre Aufgaben in eine lineare Reihenfolge zu bringen, entspricht dem Versuch der Quadratur des Kreises. Trotzdem haben wir uns in der folgenden Abbildung zu einer Reihenfolge durchgerungen, auch wenn die sechs Tätigkeiten fast immer gleichzeitig oder in sehr kurzen Zyklen stattfinden.

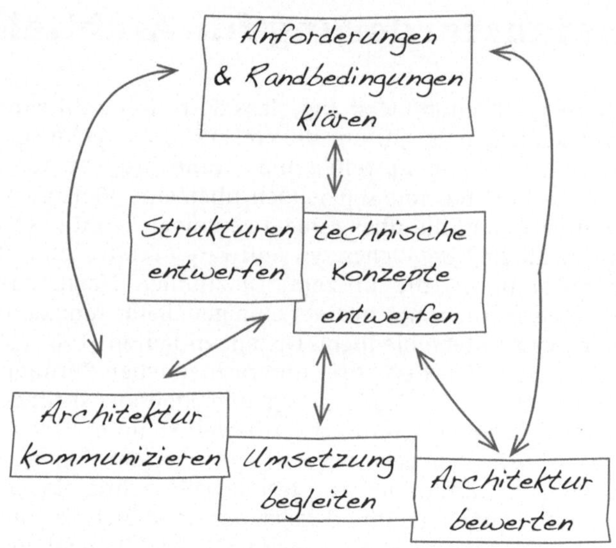

Anforderungen und Randbedingungen klären

Wir gehen davon aus, dass nicht Software-Architekten, sondern jemand anderer im Projekt die Ermittlung und Dokumentation von Anforderungen an das zu erstellende oder modifizierende System verantwortet, etwa ein Requirements Engineer, ein Produktmanager (oder, in Scrum-Terminologie, der *Product Owner*), die Fachabteilung, Kunden oder spätere Nutzer.

In Ihrer Aufgabe als Software-Architekt müssen Sie sich ein genaues Bild von der Qualität und Stabilität der Anforderungen machen. Bei Schwachstellen in den Anforderungen müssen Sie nachbessern (oder nachbessern lassen). Dies trifft in besonderem Maße auf die nichtfunktionalen Anforderungen zu, d. h. auf die gewünschten Qualitätsmerkmale des Systems. Nur allzu oft sehen die Anforderer diese als selbstverständlich an und versäumen, sie explizit zu dokumentieren. Qualitätsmerkmale bilden jedoch die wesentlichen Architekturtreiber. Als Software-Architekt müssen sie unbedingt explizite, konkrete und operationalisierte Qualitätsmerkmale einfordern oder aktiv nacharbeiten.

Tipp: Volere-Template für Anforderungen
Kennen Sie schon das praktische (und kostenfreie) Volere-Template ([Volere])
zur Systemanalyse? Es basiert auf langjähriger Erfahrung guter Systemanaly-
tiker und kann Ihnen als Software-Architekt wertvolle Dienste bei der Über-
arbeitung von Anforderungen leisten.

Zu dieser Aufgabe gehört es auch, das System sauber gegen Nachbarsysteme abzugrenzen: Klären Sie genau (exakt, präzise, eindeutig!),
was in den eigenen Aufgabenbereich fällt und wo die Schnittstellen
zu anderen Systemen liegen. Hoffentlich haben dabei auch die Sys-
temanalytiker einiges an Vorarbeit geleistet. Außerdem sollten Sie als
Architekt noch einen kritischen Blick auf die Stakeholderliste werfen, falls schon eine existiert. Andernfalls müssen Sie auch hier Hand
anlegen und alle für die weiteren Schritte in der Systementwicklung
maßgeblichen Personen, Rollen oder Institutionen ergänzen.

Vor allem aber müssen Sie in diesem Schritt explizite Architekturziele dokumentieren, um die wesentlichen Qualitätsziele des Systems
zu kennen. Verwechseln Sie die Architekturziele nicht mit den Projektzielen. Letztere definieren, wann ein Projekt erfolgreich war. Sie
werden vom Auftraggeber und vom Projektleiter verantwortet und
sind meist kurzfristig, d. h. auf die Dauer des Projekts ausgerichtet.
Die Architekturziele stellen den Maßstab für eine erfolgreiche Architektur dar. Architekturziele sind meist wesentlich langfristiger aus-
gelegt als die Projektziele, da die Architektur eine solide Basis für die
Weiterentwicklung sein soll. Ein Architekt wird nicht anhand der Projektziele beurteilt – die müssen ohnehin erreicht werden. Ein Architekt erhält seine Lorbeeren, wenn er darüber hinaus die langfristigen
Architekturziele möglichst gut erfüllen kann. Dazu müssen sie aber
bekannt, abgestimmt und anerkannt sein. Zwischen den Projektzielen
und den Architekturzielen gibt es Konfliktpotential, wenn kurzfristige Projektinteressen evtl. gegen längerfristige Architekturinteressen
stehen. In erfolgreichen Projekten werden diese potentiellen Konflik-
te einvernehmlich zwischen Projektleiter und Architekt aufgelöst. Ein
Grund, warum wir selbst in kleineren Projekten für eine personelle
Trennung der Rollen Projektleiter und Software-Architekt plädieren.
Jeder kann sich dann voll auf „seine" Ziele konzentrieren und im Kon-
fliktfall die Vor- und Nachteile von Alternativen abwägen.

Strukturen entwerfen

Landläufig gilt als die Hauptaufgabe von Software-Architekten: Sie müssen die Strukturen des Systems entwerfen, Technologieentscheidungen treffen und das alles noch für alle Projektbeteiligten nachvollziehbar dokumentieren. Das Ergebnis dieser Tätigkeit – die Strukturen des Systems – ist vor allem für die Entwickler die maßgebliche Vorgabe, denn sie müssen gemäß dieser Strukturen und der Architektenentscheidungen das System implementieren. Ähnlich wie Sie sich als Hauskäufer wahrscheinlich für mehrere Strukturen interessieren (etwa: Grundriss, Elektro-, Heizungs- und Wasserleitungsplan), stellen wir Ihnen für die Architektur mehrere relevante Strukturen oder Sichten auf das System zur Verfügung. Mehr zur Motivation von Sichten lernen Sie im Kapitel „Grundlagen, die Sie kennen sollten"; eine praxisnahe Art der Dokumentation finden Sie im Kapitel „Die pragmatische Vorlage".

Technische Konzepte entwerfen

Entwurfsentscheidungen, die Sie lokal für einen bestimmten Baustein treffen, sollten Sie dort motivieren und begründen. Manche Entwurfsentscheidungen gelten jedoch über den Kontext einzelner Bausteine hinweg und schlagen sich an vielen, teilweise verteilten Stellen im Quellcode nieder. Solche übergreifenden Themen müssen Sie zentral und redundanzfrei dokumentieren. Wir schlagen vor, für solche querschnittlichen Themen *technische Konzepte* (oder für die Freunde von aspektorientierter Entwicklung: *technische Aspekte*) zu entwickeln. Damit dokumentieren Sie einen Lösungsansatz, der vom Entwicklungsteam in unterschiedlichen Bausteine gleichartig umgesetzt werden soll, um der Gesamtlösung einen bestimmten Stil aufzuprägen. Wir erläutern typische Konzepte im Kapitel „Grundlagen, die Sie kennen sollten" und schlagen Ihnen im Template im Kapitel „Die pragmatische Vorlage" über zwanzig solcher Konzepte vor. Diese verdienen in Ihrer Architektur möglicherweise detaillierte Erläuterungen getrennt von den Strukturentscheidungen, um diese übergreifenden Festlegungen zu motivieren.

Kommen wir nun zu den drei Tätigkeiten, die oftmals in der Architektenarbeit übersehen werden, oder denen nach unserer Erfahrung zu wenig Aufmerksamkeit zukommt:

Architektur kommunizieren

„Wenn Sie glauben, dass Ihre Architektur gut ist, so haben Sie diese noch niemandem gezeigt", sagt ein bekanntes Bonmot – dem wir voll zustimmen. Zu Ihren immer wiederkehrenden Tätigkeiten als Architekt gehört es, allen Stakeholdern – nicht nur dem Entwicklungsteam – die Architektur in geeigneter Weise zu vermitteln. Nur so erhalten Sie von den Stakeholdern das für Sie wertvolle Feedback zu Ihren Entwurfs- und Technologieentscheidungen.

Tipp: Sprache der Stakeholder sprechen

Die Akzeptanz Ihrer Kommunikation und Dokumentation steigt drastisch, wenn Sie dabei die Sprache der jeweiligen Stakeholder (Leser, Zuhörer) sprechen – statt in Ihrem eigenen *Architekten-Slang* zu verharren. Also: Lernen Sie fachliche Dialekte oder Management-Sprache, um effektiver mit Auftraggebern oder Managern zu kommunizieren. Erwarten Sie niemals, dass diese Personengruppen Ihre technische Sprache lernen!

Umsetzung begleiten

Wenn ein Entwicklungsteam die Architektur mit detailliertem Leben füllt, Quellcode schreibt oder durch Codegeneratoren erzeugen lässt, ist Ihre Arbeit als Architekt noch lange nicht erledigt. Im Gegenteil: Ihre Rolle und Ihre Verantwortung erfordert die kontinuierliche Begleitung des Entwicklungsteams. Nehmen Sie gute Ideen des Teams in die Architektur auf. Stellen Sie sicher, dass die vorgegebenen Strukturen und technischen Konzepte adäquat in der Implementierung umgesetzt werden. Passen Sie regelmäßig die Architektur (oder Teile davon) an neue Anforderungen, Randbedingungen oder Erkenntnisse im Projekt an.

Zu diesen Aufgaben gehören regelmäßige Gespräche mit allen Personen im Projekt, deren Arbeit von der Architektur betroffen ist, also hauptsächlich mit dem Entwicklungsteam, dem Qualitätsmanagement, den Testern sowie den Administratoren und Betreibern des Systems (und möglicherweise noch vielen anderen).

Bitte versuchen Sie erst gar nicht, die Überwachung technischer Details an Ihre Projektleitung zu delegieren – das gehört zu Ihren Architektenaufgaben – schließlich geht es um Entwurfsentscheidungen und technische Konzepte.

Tipp: Rückmeldung aktiv einfordern

Fordern Sie von allen Projektbeteiligten aktiv Feedback bezüglich der Tragfähigkeit und Brauchbarkeit der Architektur ein. Dieses Wissen fließt in die ständige Weitergestaltung der Architektur ein, d. h. in Änderungen von Strukturen oder Konzepten. Ebenso gehört die frühzeitige Abstimmung mit Migrations- und Inbetriebnahmeteams sowie Produktion und Betrieb zu Ihren Überwachungsaufgaben.

Architektur bewerten

Viele Jahre haben wir nur unser Bauchgefühl genutzt, um festzustellen, ob eine Architektur gut ist oder nicht. Inzwischen sind systematische Verfahren bekannt, um eine Architektur gegen vorgegebene Ziele und Qualitätskritierien zu überprüfen. Alle diese Ansätze beruhen darauf, aus den Zielen schrittweise operationelle Szenarien abzuleiten und die Architektur gegen diese Szenarien zu prüfen. Dabei geht es nicht um die Vergabe von Schulnoten für Ihre Architektur, sondern um Abwägungen, wie gut oder schlecht Ihre Entwurfsentscheidungen die Ziele und Qualitätskriterien erfüllen. Die Bewertungstechniken zeigen Ihnen als dem Architekten potentielle Schwachpunkte, aber auch Stärken Ihrer Lösung auf, die Sie dann gezielt bei Ihrer Strukturbildung beachten können.

Beachten Sie in der Abbildung auf Seite 10 die Rückkopplungspfeile. Beim Kommunizieren, Überwachen und Bewerten erhalten Sie als Architekt viel Feedback in Form von Kommentaren, Anmerkungen, Kritiken, Vorschlägen und Abwägungen von Chancen und Risiken. Diese fließen hoffentlich dauernd in Ihre Entscheidungen zu Strukturen und technischen Konzepten ein (rechter Rückkopplungspfeil in der Abbildung). Manchmal haben Rückmeldungen Ihrer Stakeholder Auswirkungen auf Anforderungen und Randbedingungen, sodass Sie diese erneut klären müssen (linker Rückkopplungspfeil), bevor Sie die Auswirkungen auf Strukturen und technische Konzepte erkennen oder bewerten können.

Zu jeder der Tätigkeiten gäbe es eine Menge mehr zu sagen und schreiben – einiges davon finden Sie in [Bass+04] oder [Starke 11]. Wichtiger für uns an dieser Stelle: Ihr Erfolg bei diesen Tätigkeiten basiert auf einer Kombination der verschiedenen Fähigkeiten, die wir uns in den nächsten Abschnitten genauer ansehen.

Fähigkeiten von Architekten

Während beim Sportler Kraft, Ausdauer, Technik, Schnelligkeit, Koordination und Reaktionsvermögen zählen, müssen Architekten die folgenden zehn Eigenschaften in sich vereinen, um die oben genannten Architektentätigkeiten erfolgreich zu bewältigen.

1. Entwerfen können

Die Architektur ist eine Abstraktion des Quellcodes. Deshalb müssen Sie als Architekt in der Lage sein, die Struktur im Großen vorzugeben, damit das System die gewünschten Qualitätseigenschaften, wie z. B. Performanz, Sicherheit, Wiederverwendbarkeit, Verständlichkeit oder Einbindung von Fertiglösungen erreicht. Sie fungieren als Konstrukteur, der über einzelne Codezeilen hinaus die Gesamtstruktur des Quellcodes bestimmt oder diese zumindest gemeinsam mit dem Entwicklungsteam festlegt.

Sie können dabei auf einige Hilfsmittel zurückgreifen, weil in den letzten 10–15 Jahren einiges an erprobten Architekturmustern publiziert wurde, die Sie abschreiben, nachahmen oder wiederverwenden können (und sollen). Einen Überblick gibt z. B. [Buschmann+07].

2. Entscheiden können

Zu jeder Problemstellung gibt es immer mehrere Lösungen:
- Lösungen mit unterschiedlichen Technologien
- Lösungen zur Optimierung unterschiedlicher, teils widersprüchlicher Ziele oder Qualitätsmerkmale
- Lösungen mit unterschiedlichen Kosten- oder Zeitrestriktionen

Ihre Entscheidung für eine bestimmte dieser vielen Lösungsmöglichkeiten stellt ganz grundsätzlich immer eine Entscheidung gegen sämtliche übrigen Alternativen dar. Sie müssen diese Lösung dokumentieren, kommunizieren, gegen andere Meinungen verteidigen und vermarkten – und später auch bereit sein, für die von Ihnen getroffenen Entscheidungen Ihren Kopf hinzuhalten.

Sollten Sie keine Entscheidung bezüglich der Lösungsstrukturen und der eingesetzten Technologie treffen, dann müssen spätestens die Mitglieder Ihres Entwicklungsteam das nachholen, weil im Quellcode sämtliche Details festliegen müssen.

Falls Sie auf Einheitlichkeit, konzeptionelle Integrität und übergreifende Verständlichkeit Wert legen (was wir Ihnen unbedingt empfehlen), dann sollten Sie als Software-Architekt *wichtige* und architekturrelevante Entscheidungen treffen, und nur Details offen lassen.

Tipp: Vermeiden Sie Entscheidungen durch undokumentierte Annahmen

Ein schwerwiegender Fehler bei Entscheidungen besteht in der Annahme, Dinge wären „klar", ohne dies explizit zu hinterfragen oder zu dokumentieren. Gehen Sie niemals von wichtigen Sachverhalten aus, ohne diese im Entwicklungsteam klarzustellen. Kommunizieren Sie Ihre „Annahmen" explizit – am besten schriftlich.

Tipp: Definieren Sie im Team die Bedeutung von „architekturrelevant"

Welche Dinge oder Entscheidungen für Ihr System Architekturrelevanz besitzen, sollten Sie gemeinsam mit Ihrem Team entscheiden. Einige mögliche Definitionen dazu:

Architekturrelevant sind Entscheidungen,

- die Top-Level-Strukturen betreffen,
- die das Qualitätsmerkmal <QM> beeinflussen (ersetzen Sie <QM> durch Performance, Sicherheit, Wartbarkeit oder ein anderes für Sie wichtiges Merkmal. Diesen Satz können Sie in Ihre spezifische Definition mehrfach aufnehmen),
- mit Kostenrelevanz von mehr als <X> Euro,
- die Auswirkungen auf die externen Schnittstellen haben,
- die Auswirkungen auf den späteren Systembetrieb haben,
- die Risiken hinsichtlich der Implementierung oder Tests haben.

Sie erkennen die große Bandbreite derjenigen Entscheidungen, die architekturrelevant sein könnten, aber nicht in jedem Falle sein müssen. Klären Sie das a priori für Ihr System!

---

3. Vereinfachen können

Einfachheit von Entwürfen und Systemen bedeutet leichte Implementierbarkeit, leichte Verständlichkeit, gute Testbarkeit und gute Wartbarkeit. Allerdings entsteht Einfachheit niemals von selbst, sondern muss explizit konstruiert werden. Aber wer sorgt im Projekt für Einfachheit und dafür, dass nicht zu viel Funktionalität gebaut wird; dass gewünschte Funktionen so einfach wie möglich realisiert werden; dass die Gesamtkomplexität möglichst gering bleibt?

Kunden, Auftraggeber und Nutzer können hierbei nicht helfen. Sie haben Anforderungen und wollen diese erfüllt haben. Einzelne Entwickler vielleicht? Sie haben – insbesondere bei größeren Projekten – oft nicht genügend Überblick, um über Vereinfachung des gesamten Systems nachdenken zu können. Es bleibt also hauptsächlich bei Ihnen als dem Architekten hängen, immer wieder die Frage aufzuwerfen: „Gibt es dafür auch eine einfachere Lösung?"

Geben wir es doch zu: Als Techniker sind wir manchmal verspielt. Wir probieren gerne das eine oder andere aus, experimentieren mit neuen Technologien und perfektionieren unsere Lösungen. Als Architekt sollten Sie diesem Spieltrieb Widerstand entgegensetzen. Sie sollten den gesamten Entwurf vereinfachen, nicht die schönste und neueste Lösung anstreben.

Tipp: Systematisch vereinfachen
Fragen Sie Ihr Entwicklungsteam regelmäßig alle 2–3 Wochen nach Möglichkeiten der Vereinfachung. Bringen Sie deren Vorschlägen hohe Wertschätzung entgegen – denn jegliche sinnvolle Vereinfachung reduziert Komplexität und Risiko.

---

4. Implementieren können

„Architects also implement", hat Jim Coplien in einem Artikel gefordert. Dazu stehen wir! Sie müssen als Architekt die Fähigkeit haben, Ihre Strukturen auch in Quellcode umzusetzen. Andernfalls besteht die Gefahr, dass Sie zwar schöne, aber unrealisierbare Pläne entwickeln.

Bei kleinen Projekten sind Sie als Architekt mit Entscheiden und Entwerfen sicherlich nicht ausgelastet. Wenn Sie im Projekt mit insgesamt 5–10 Personen arbeiten, dann müssen Sie als Architekt zwar einerseits den Überblick über die komplette Lösung behalten, codieren aber bestimmt manche Bausteine oder Systemteile selbst.

Bei großen Projekten (mit 50 Personen oder mehr) haben Sie als Chefarchitekt wahrscheinlich keine Zeit mehr, selbst Quellcode zu schreiben. Aber Sie brauchen die Fähigkeit, sich mit Ihren Entwicklern hinzusetzen und kritische Teile im Quellcode zu verstehen und beurteilen zu können. Bemühen Sie sich also, diese wichtigen Basisfähigkeiten nicht zu verlernen!

5. Dokumentieren können

Sie müssen als Software-Architekt die Fähigkeit besitzen, angemessen, systematisch und methodisch zu dokumentieren, weil Dokumentation die langfristige Verständlichkeit von Systemen maßgeblich beeinflusst.

Die Kunst liegt darin, weder zu viel noch zu wenig zu dokumentieren. Eine zentrale Fähigkeit, die Sie als Architekt daher entwickeln und pflegen müssen, ist: gewusst was und wie! Sie brauchen nicht unbedingt eine vollständige Dokumentation, sofern Sie die wichtigen und relevanten Teile Ihrer Systeme dokumentieren.

Sie benötigen so viel Dokumentation, dass alle Projektbeteiligten das Wesentliche der Architektur ohne viel Aufwand finden können. Wir zeigen Ihnen im Kapitel „Die pragmatische Vorlage" das bewährte arc42-Template, um Ihnen Hilfestellung bei der Entscheidung zu geben, was Sie auf welche Weise dokumentieren sollen und was Sie eher weglassen können.

6. Kommunizieren können

Beim Entwerfen und Entscheiden versuchen Sie, eine für alle Betroffenen angemessene, lesbare und verständliche Dokumentation der Software-Architektur zu erstellen. Allerdings benötigen unterschiedliche Stakeholder ganz verschiedene Informationen – nicht jeder im Projekt will, soll und muss alles lesen, verstehen und kommentieren. Deshalb müssen Sie als Architekt stakeholdergerecht kommunizieren können.

Voraussetzung dafür ist es, Ihre Stakeholder alle zu kennen und zu wissen, wem Sie was zumuten können. Und Sie müssen in der Lage sein, jedem die Architektur in geeigneter Weise nahezubringen. Entwickler brauchen z. B. ausführliche Bausteinbeschreibungen mit genauen Zweckangaben und präzisen Schnittstellen; der Finanzvorstand interessiert sich eher für die Kosten bestimmter Teilbereiche des Systems, der Produktmanager interessiert sich wahrscheinlich für High-Level-Alternativen. Architekten anderer Systemen möchten möglichst kompakt Ihre wesentlichen Entwurfsentscheidungen und die Begründungen dafür diskutieren.

Sie müssen zu jedem beliebigen Zeitpunkt die vorliegenden Erkenntnisse und Entscheidungen stakeholdergerecht zusammenfassen und präsentieren können. Dazu müssen Sie aus der Gesamtheit der Architekturinformationen die Teile, die für die jeweiligen Stakeholder wichtig sind, in der geeigneten Form (Präsentationen, Dokumente, Übersichtslisten, ...) herausfiltern können. Achten Sie jedoch darauf, dass diese Extrakte kein Eigenleben entwickeln und aufwändig gepflegt und versioniert werden müssen. Holen Sie das Feedback der Stakeholder ein, um es entweder in die zentralen Sichten und Aspekte einbringen zu können oder die Ziele, die Randbedingungen oder den Kontext anzupassen.

7. Schätzen und bewerten können

Schätzen zu können ist nicht nur Aufgabe des Projektleiters! Sie müssen als Architekt diese Fähigkeit ständig weiterentwickeln, um auch mit noch sehr vagen Ideen zu möglichst guten Aussagen über potentielle Aufwände zu kommen. Ihr Projektleiter und andere Manager dürfen das von Ihnen erwarten. Wenn Sie Vorschläge zur Gestaltung des Systems machen, muss Ihnen klar sein, was das kosten wird und wie lange es dauern wird. Mit technischer Brillanz alleine lässt sich kein Blumentopf gewinnen. Sie müssen die Kosten für Ihre Vorschläge auf den Tisch legen können.

Und natürlich müssen Sie nicht nur schätzen können, sondern Ihre Architektur auch gegenüber vorgegebenen Architekturzielen und Qualitätsanforderungen bewerten können. Wie sieht der Abgleich zwischen Aufwand und Nutzen aus? Ist diese Alternative im Hinblick auf die gestellten Anforderungen besser als jene? Nicht immer ist die erste Idee auch die beste! Lernen Sie daher, explizit mit Schätzungen und Bewertungen umzugehen.

8. Balancieren können

Wir sind sicher, dass Sie als Architekt diplomatische Fähigkeiten brauchen. Sie werden oft in die Lage kommen, zwischen widersprüchlichen Interessen ausgleichen und vermitteln zu müssen. Denn Qualitätsziele stehen oft im Widerspruch zueinander. So steht z. B. die Forderung nach Robustheit des Systems der Forderung nach beliebig leichter Flexibilität und Anpassbarkeit entgegen. Strukturiertheit und Austauschbarkeit arbeitet gegen Effizienz und Durchsatz. Und fast alle Qualitätseigenschaften treiben die Kosten in die Höhe.

Sie werden daher im Projekt immer wieder Wünsche von Beteiligten balancieren und abwägen müssen. Sie können es bestimmt nicht immer allen Recht machen. Und dann gehören schon Einfühlungsvermögen, Weitblick, politisches Geschick, Verhandlungstalent und Konfliktlösungsstrategien, aber natürlich – wie oben erwähnt – auch Entscheidungskraft zu Ihren Fähigkeiten.

9. Beraten können

Als Architekt sind Sie dazu verpflichtet, viele Personen in Ihrem Umfeld aktiv zu beraten:

- Sie müssen Kunden, die sich vielleicht vorstellen können, was sie haben wollen, aber nicht vorstellen können, was davon wie aufwändig ist, dabei helfen, eine Kosten/Nutzen-Abwägung zu treffen.
- Sie müssen Ihrem Projektleiter bei der Releaseplanung helfen, indem Sie ihn beraten, welche Teile wie voneinander abhängig sind und welche daher zusammen implementiert werden müssen.
- Auch bei der Gestaltung der Teamstruktur sollten Sie den Projektleiter aktiv beraten, damit Sie Conways Gesetz beachten. (Conway hat beobachtet, dass Projekte besser laufen, wenn die technische Struktur und die organisatorische Teamstruktur kongruent sind. Das ist leicht zu verstehen, denn wenn Ihre Teilteams jeweils an in sich geschlossenen Aufgaben arbeiten können, gibt es weniger Kommunikationsaufwand untereinander. Wenn die Teamstruktur so unglücklich gewählt wird, dass jeder mit allen anderen sprechen muss, um seine Aufgabe zu bewältigen, dann wird der Projektfortschritt erheblich leiden.) Sorgen Sie also dafür, dass Ihr Projektleiter diesen Einfluss kennt und Teilteams richtig zusammensetzen kann.
- Als Architekt fungieren Sie als Hauptansprechpartner für das Entwicklungsteam. Sie müssen dort mit Rat und Tat in technischen Fragen zur Seite stehen. Gleichzeitig sollten Sie diesen Spezialisten gut zuhören und deren Ideen bei Bedarf aufgreifen.
- Beachten Sie Ihre Beratungsrolle gegenüber Systemanalytikern, die Sie in agiler, iterativer, inkrementeller Entwicklung besonders intensiv ausfüllen müssen. Sie müssen den Systemanalytikern aktiv Feedback geben, wo die Anforderungen noch präzisiert werden müssen, um gute Entwurfsentscheidungen zu ermöglichen, und wo sie Arbeit sparen und Überspezifikation vermeiden können – weil Sie bereits eine preiswerte und treffliche Teillösung parat haben.

Unterschätzen Sie nicht, wie viel von Ihrer Fähigkeit als Berater für andere Projektmitglieder abhängt. Warten Sie nicht darauf, gefragt zu werden, sondern treten Sie als Architekt aktiv und wiederholt an Ihre Kollegen heran.

10. Vermarkten können

Es reicht nicht, Gutes zu tun. Man muss es auch anderen erzählen! Wie schon angesprochen, führen viele Wege nach Rom. Wenn Sie glauben, dass Ihre Entscheidungen gut sind, dann sollten Sie diese aktiv vermarkten. Erzählen Sie es vielen. Motivieren Sie andere und überzeugen Sie diese, dass die Lösung das Optimum unter den Randbedingungen ist. Kämpfen Sie auch manchmal – im Rahmen Ihrer Möglichkeiten – wenn kurzfristige Projektziele Ihren längerfristigen Architekturzielen entgegenstehen. Zeigen Sie aktiv Vor- und Nachteile von Alternativen auf. Suchen Sie Verbündete, die die Entscheidungen mittragen.

Die folgende Tabelle zeigt im Überblick, wie die Zehnkämpferfähigkeiten eines Architekten bei den unterschiedlichen Tätigkeiten zum Tragen kommen. Sie sehen, dass jede einzelne Tätigkeit eine Kombination von vielen Fähigkeiten erfordert.

Fähigkeiten \ Tätigkeiten	Anforderungen klären	Strukturen entwerfen	Konzepte entwerfen	Architektur kommunizieren	Umsetzung überwachen	Architektur bewerten
Entwerfen können		X	X			X
Entscheiden können		X	X		X	
Vereinfachen können	X	X	X			
Implementieren können		X	X		X	X
Dokumentieren können	X			X	X	
Kommunizieren können		X	X	X		X
Schätzen können	X	X	X			X
Balancieren können	X	X	X	X		X
Beraten können	X	X	X	X	X	
Vermarkten können	X			X	X	

Denken Sie nochmals an die sportlichen Zehnkämpfer, nachdem Sie die Fähigkeiten nun gelesen haben. Sicherlich werden Sie einige davon sehr gut beherrschen, wenn Sie als Software-Architekt arbeiten.

Unser Vergleich mit dem Zehnkämpfer suggeriert jedoch eine andere Botschaft: Sie brauchen alle zehn Fähigkeiten in ausgeprägter Form. Es reicht nicht aus, in einer Disziplin sehr gut zu sein. Die Punkte im sportlichen Zehnkampf orientieren sich am jeweiligen Weltrekord. Es gibt maximal 1 200 Punkte pro Disziplin, also theoretisch 12 000 Punkte zu gewinnen. Der derzeitige Weltrekordhalter Roman Sebrle bringt es auf mehr als 75 Prozent davon. Im Spitzenfeld der Architekten spielen Sie nur dann mit, wenn Sie im Schnitt 75 Prozent der Weltbesten bringen und bei keiner einzigen Disziplin zu große Schwachstellen zeigen.

Schwerpunkte je nach Projektgröße

Wir schätzen den Anteil des Aufwands, den der Software-Architekt im Projekt verantworten muss, auf zirka 50 Prozent des gesamten Projektaufwands. Davon entfällt die Hälfte auf den Entwurf und die andere Hälfte auf die Implementierung und den Unit-Test. Für die koordinierenden Arbeiten eines Architekten (also Strukturen entwerfen, Konzepte vorgeben, stakeholdergerecht kommunizieren, die Entwickler überwachen und die Architektur aktiv vermarkten) veranschlagen wir drei Prozent des Projektaufwands. Ein Team von 100 Personen kann sich daher drei hauptamtliche Software-Architekten leisten. Ein Team von 30 Personen immerhin noch eine Person, für die diese Rolle ein Ganztagsjob ist.

In kleineren Projekten, in denen 3 Prozent des Projektaufwandes keine Vollbeschäftigung darstellen, wirken Sie als Software-Architekt neben der Managementunterstützung und den koordinierenden Aufgaben viel mehr im Detailentwurf und in der tatsächlichen Implementierung bzw. beim Test mit.

In größeren Projekten liegt der Schwerpunkt mehr in der Überwachung von Teilprojekt-Architekten oder Komponentenverantwortlichen.

In Projekten mit 3–5 Personen verschwimmt die Rollentrennung oft vollständig: Ein und dieselbe Person klärt die Anforderungen und verantwortet die Lösung (und erledigt nebenbei vielleicht auch noch die Projektleitung). Wir konzentrieren uns in diesem Buch auf die Architektenrolle. Sollten auch noch andere Aufgaben bei einer Person liegen, so benötigt diese noch weitere Fähigkeiten, auf die wir hier nicht eingehen.

Tipp: Trennen Sie die Rollen Architekt und Projektleiter
Selbst bei kleinen Projekten empfehlen wir eindringlich die Trennung der Rolle des Projektleiters von der Rolle des Architekten.
Machen Sie den besten Organisator und Politiker zum Projektleiter und den besten Techniker zum Chefarchitekten, damit die unterschiedlichen Ziele – einerseits Projektabschluss in Zeit und innerhalb des Budgets, andererseits die oft längerfristigen Architekturziele wie Ausbaubarkeit und Wiederverwendbarkeit – nicht von einer einzelnen Person verantwortet werden müssen. Sorgen Sie für ein kollegiales, offenes und produktives Verhältnis beider Rollen, um Zielkonflikte im besten Einvernehmen ausdiskutieren zu können.

Grundlagen, die Sie kennen sollten

Sie wissen jetzt, dass Architektur der Plan des Systems ist. Sie wissen auch, welche Qualitätsanforderungen Sie an solche Pläne stellen müssen. Bevor wir Ihnen unser pragmatisches Dokumentationsmuster vorstellen, wollen wir noch einige Grundbegriffe und Konzepte erläutern, die in dem Template Verwendung finden.

Software-Architekturen bestehen aus Bausteinen

Jedes System besteht in seiner statischen Struktur aus einer Menge von Bausteinen, die untereinander in Beziehung stehen. Wenn Sie ein System entwerfen oder bauen, müssen Sie diese Bausteine und ihre Beziehungen entwerfen (genauer: planen, bauen, beschaffen und/ oder konfigurieren). Wir verwenden das umgangssprachliche Wort „Baustein", um von der Vielzahl von Begriffen zu abstrahieren, die Ihnen Programmiersprachen und Designmethoden als Bestandteile Ihrer Software-Architektur anbieten. Das reicht von kleinen Bausteinen, wie Funktionen oder Unterprogrammen, über mittelgroße Bausteine, wie Klassen oder Modulen, zu großen Bausteinen, wie Subsystemen, Komponenten, Libraries, bis hin zu Schichten, Frameworks oder Ähnlichem.

Alle Bausteine betrachten wir als Bestandteile des Systems. Sie haben einen Namen und weisen im Idealfall die Eigenschaften einer Blackbox auf (mehr dazu kommt gleich). Das folgende UML-Metamodell vermittelt einen Eindruck, welche unterschiedliche Ausprägungen Bausteine besitzen können.

In der Abbildung erkennen Sie unterschiedliche Arten von Bausteinen:

- Programmierkonstrukte, wie etwa Klassen, Module, Funktionen, Skripte. Diese Dinge bestehen aus Quellcode. Hierzu gehören auch „konkrete Komponenten" wie Enterprise-Java-Beans.
- Pakete (packages), Namensräume oder andere Gruppierungen von Programmierkonstrukten. Pakete gruppieren Bausteine in einem losen Verbund. Beispielsweise können einzelne Schichten (layer)

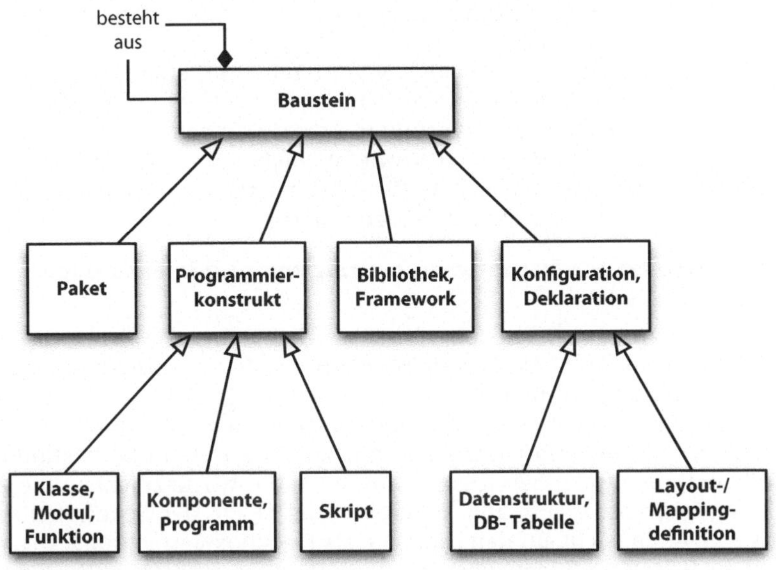

innerhalb ihres Systems als ein Paket aus mehreren Komponenten betrachtet werden. Oder aber das Paket aller Programme, die Sie als Einheit auf einen bestimmten Rechner installieren wollen, unter der Bezeichnung „Server-Software".

- Konfigurationen, die das Verhalten oder die Schnittstelle existierender Softwareteile bestimmen. Beispiele dafür sind Konfigurationen des Spring-Framework (www.springframework.org), Hibernate-Mappings (www.hibernate.org), die deklarativ beschriebenen Details eines objekt-relationalen Mappings oder Stylesheets (CSS, XUL), die beispielsweise Layout-Details grafischer Oberflächen spezifizieren. Auch solche Bausteine müssen Sie konzipieren, beschreiben oder auswählen.

- Bibliotheken, Frameworks oder Standardsoftware, die „fertige" Lösungsteile darstellen. Auch Bausteine, die Sie nicht selbst entwickeln, sind Bestandteile Ihrer Software-Architektur und gehören in ihrem Zusammenspiel mit anderen Bausteinen (in adäquatem Umfang) dokumentiert.

Jeder Baustein verfügt über eine Schnittstelle und eine Reihe spezifischer Merkmale, wie Verantwortlichkeit, Variabilität, einen Verweis auf die von diesem Baustein erfüllten Anforderungen, seinen Ablageort oder die zugehörige Datei, sowie mögliche offene Punkte. Weiter unten werden Sie eine genauere Charakterisierung von Bausteinen in Form des *Blackbox-Templates* kennenlernen.

Bausteine tragen Verantwortung und kommunizieren über Schnittstellen

Für jeden einzelnen Baustein – egal welcher Art und welcher Größe – legen Sie als Architekt seinen Zweck und seine Verantwortung fest, die Begründung für die Existenz dieses Bausteins. Des Weiteren legen Sie fest, über welche ein- und/oder ausgehenden Schnittstellen der Baustein mit anderen Bausteinen in Beziehung treten und bestimmte Funktionen (oder Services) ausführen kann. Wir bezeichnen diese Festlegung von Zweck und Verantwortung sowie der Schnittstellen als eine Außensicht auf den Baustein, als Blackbox-Betrachtung. Diese Außensicht verrät nichts über das Innenleben, d. h. über die Verfeinerung und Realisierung. Somit können Sie klare Festlegungen auch auf sehr grober Granularität treffen, indem Sie „nur" die Blackbox-Eigenschaften eines Bausteins definieren.

Die Bausteine von Systemen verbinden fachliche Anforderungen, Architektur, Entwurf und Implementierung miteinander: Auf detaillierter Ebene repräsentieren Bausteine Quellcode oder codeähnliche Artefakte. Auf höheren Abstraktionsebenen können Bausteine fachliche und technische Funktionen oder Leistungsmerkmale bereitstellen.

Whiteboxes präzisieren Blackboxes

Wenn Sie den Inhalt (genauer: die inneren Strukturen) von Blackboxes offenlegen möchten oder müssen, so klappen Sie die Blackbox auf und sehen dann das Innenleben in Form einer Whitebox. So bestimmen Sie, welchen Detaillierungsgrad Ihrer Bausteine Sie offenlegen und dokumentieren.

Der Unterschied von Blackboxes und Whiteboxes nochmals mit anderen Worten:

- Blackboxes sind nur durch ihre Schnittstellen und Funktionen charakterisiert. Sie verstecken ihr gesamtes Innenleben, ihre inneren

Strukturen und Abläufe. Somit eignen sich Blackboxes zur Vereinfachung, zur Abstraktion und als Überblick. Sie dokumentieren Schnittstellenabsprachen, die bei weiterer Präzisierung eingehalten werden müssen.

- Whiteboxes zeigen die innere Struktur von Bausteinen. Sie stellen „geöffnete" Blackboxes dar und bestehen ihrerseits wiederum aus einer Menge von (kleineren) Blackboxes mit deren Beziehungen und Abhängigkeiten.

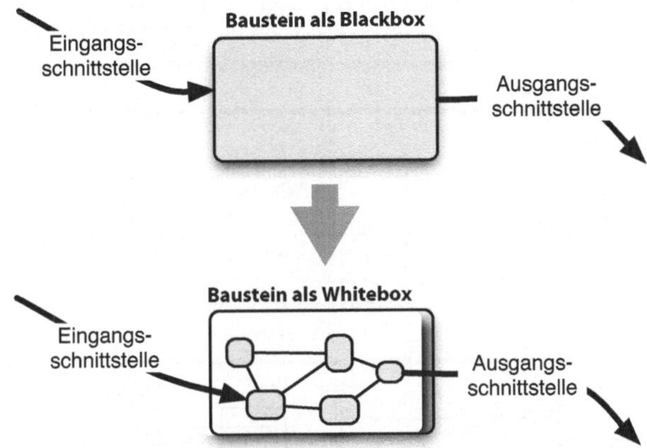

Ab einem bestimmten system- oder produktspezifischen Verfeinerungsgrad delegieren Sie als Software-Architekt die Ausgestaltung der inneren Strukturen von Blackboxes an Ihr Entwicklungsteam. Dieses verantwortet dann die Implementierung dieser Blackbox, und zerlegt sie im Laufe dieser Tätigkeit möglicherweise in weitere kleinere Bausteine. In Projekten ab einer gewissen Größenordnung delegieren Sie als Chefarchitekt die Ausarbeitung an Subsystemarchitekten, z. B. an einen Subsystemarchitekten für den kompletten User-Interface-Layer.

Die Dokumentation in der Bausteinsicht folgt diesem Prinzip der schrittweisen Verfeinerung: Am Anfang steht die Kontextabgrenzung, die das gesamte System als eine einzige Blackbox enthält. Als nächste Verfeinerung wird das gesamte System dann zu einer Whitebox, die aus mehreren Blackboxes besteht. Meist genügen drei bis fünf solcher Verfeinerungsebenen, um ein ziemlich komplexes System für die meisten Stakeholder ausreichend zu beschreiben.

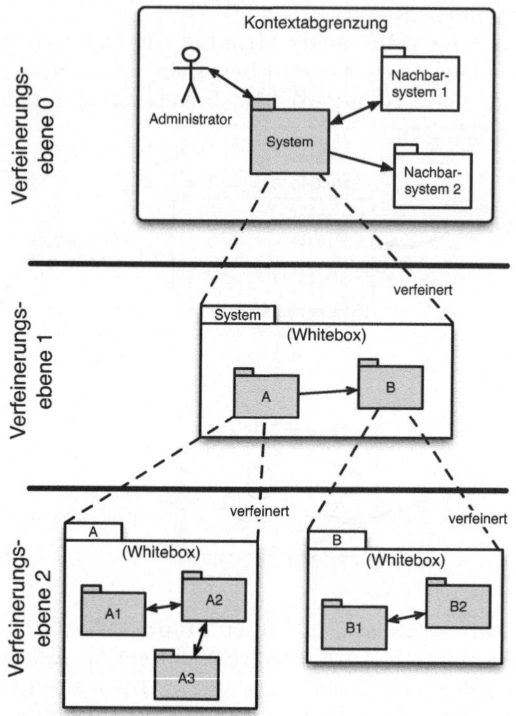

Jede Blackbox einer Ebene können Sie eine Ebene darunter als Whitebox verfeinern und deren innere Struktur aufzeigen. In der folgenden Abbildung sehen Sie, dass Verfeinerungsebene („Level") 1 die Whitebox-Darstellung der Blackbox auf Level 0 zeigt (das „System"). Auf Level 2 sind die beiden Blackbox-Komponenten A und B aus Level 1 in jeweils eigenen Whitebox-Diagrammen verfeinert. Dieses Konzept führt zu einer Baumdarstellung von Bausteinen. Sie können damit die Menge der dargestellten Strukturdetails genau steuern und gezielt die Verantwortung an kleinere Blackboxes delegieren.

Black- und Whiteboxes ermöglichen Reduktion von Komplexität

Black- und Whiteboxes benötigen Sie zur Zerlegung einer großen Aufgabe in mehrere kleinere. Dieses systematische Verkleinern von Aufgaben ermöglicht Ihnen die Abstraktion und damit die Bewältigung komplexer Entwurfsaufgaben und gehört zu den wichtigsten Hilfsmittel von Software-Architekten. Sie kennen es vielleicht unter dem Begriff „Teile-und-Herrsche" (lat.: *divide et impera*).

Die oberste Blackbox ist die Kontextabgrenzung

Den Ausgangspunkt dieser Betrachtung bildet die Kontextabgrenzung. In der Analogie des Häuserbaus übernimmt der Katasterplan die Rolle dieser Kontextabgrenzung: Er zeigt nur das Grundstück, angrenzende Straßen und Nachbargrundstücke, aber keinerlei (inneren) Details eines Hauses selbst.

In Software-Architekturen verwenden Sie die Kontextabgrenzung, um das System eindeutig gegen Nachbarsysteme und menschliche Nutzer abzugrenzen. Sie legen damit fest, in welchem Rahmen Sie Architekturentscheidungen treffen dürfen und mit welchen Nachbarn Sie Abmachungen über Schnittstellen treffen müssen. Die Kontextabgrenzung zeigt keine Details des Systems selbst und bildet damit lediglich den Einstiegspunkt in die *wirklichen* Architektursichten des Systems.

Die fachliche Kontextabgrenzung Ihres Systems haben Sie hoffentlich aus der Systemanalyse übernehmen können. Wenn nicht, so müssen Sie als Architekt nacharbeiten und diese Abgrenzung klären.

Sichten erlauben unterschiedliche Blickwinkel

Bisher haben wir hauptsächlich eine statische Betrachtung unsere Software-Architektur angestellt, eine Betrachtung der Bausteine, aus denen ein Softwaresystem besteht. Jede Software-Architektur weist jedoch mehrere, unterschiedliche *Strukturen auf*. Denken Sie an Baupläne von Gebäuden: Der wichtigste dieser Pläne zeigt den Grundriss mit Räumen, Türen und Fenstern. Den Grundriss diskutieren Sie vor allem mit Ihrem Gebäudearchitekten, wenn Sie ein neues Haus bauen oder kaufen wollen. Mit anderen Beteiligten am Bau benötigen Sie andere Pläne für einen sinnvolle Diskussion: so z. B. einen Plan, der den

Verlauf von Heizungs- und Wasserleitungen zeigt (in unseren Worten: eine andere Sicht), oder einen Plan mit den elektrischen Leitungen. Auch für Software-Architekturen empfehlen wir Ihnen die Verwendung mehrerer Sichten, um unterschiedliche interessante Punkte der Architektur in den Mittelpunkt der Diskussion zu rücken.

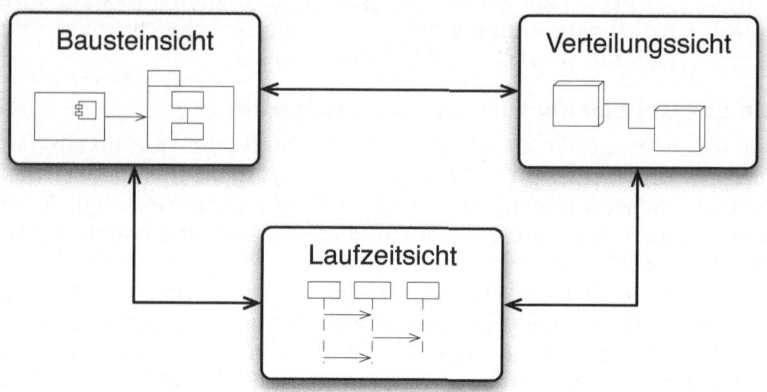

Wir empfehlen Ihnen für Software- und IT-Systeme folgende drei Sichten (Beispiele dazu finden Sie im Kapitel „Die pragmatische Vorlage" ab Seite 50):

- Bausteinsicht: das Kernstück der Software-Architektur, entspricht dem Grundrissplan eines Hauses. Sie zeigt die statische Struktur des Systems, seinen Aufbau aus Softwarebausteinen sowie deren Beziehungen und Schnittstellen untereinander. Jeder dieser Bausteine wird letztlich durch eine Menge (selbst erstelltem oder zugekauftem) Quellcode implementiert. Beispiele für solche Bausteine sind einzelne Java-, C#- oder Objective-C-Klassen, Package-Konstrukte von Programmiersprachen, Datenbank- oder Shell-Skripte, Konfigurationen einer Standardsoftware oder ähnliche Artefakte. Die Bausteinsicht klärt, wie das System aus Einzelteilen konstruiert ist, welche Eigenschaften diese Einzelteile haben und welcher Baustein welche fachlichen und technischen Eigenschaften des Systems bereitstellt.

- Die Verteilungssicht zeigt die Verteilung von Systembestandteilen auf Hard- und Softwareumgebungen. Diese Sicht klärt, welche Teile des Systems auf welchen Rechnern, an welchen geographischen

Standorten oder in welchen Umgebungen ablaufen können, wenn es in einer konkreten technischen Infrastruktur installiert wird. Sollten Sie ein Softwaresystem entwickeln, das nur auf einem einzelnen Rechner installiert und betrieben wird, so kann diese Sicht entfallen, denn sie bringt keinen wesentlichen Erkenntnisgewinn. Bei komplexeren Konfigurationen, Multiprozessorsystemen oder verteilten Systemen klärt diese Sicht die Frage, welcher Teil der Software auf welcher Hardware oder an welchem Standort ablaufen soll.

- Schließlich zeigt die Laufzeitsicht das Verhalten des Systems beziehungsweise einzelner Bausteine zur Laufzeit. Genauer gesagt zeigt die Laufzeitsicht, wie die Bausteine des Systems zur Laufzeit miteinander bzw. mit den Nachbarsystemen interagieren. Sie klärt, wie das System funktioniert, wie wesentliche, beispielhafte Abläufe aussehen und wie die Bausteine des Systems die wesentlichen Funktionen oder Anwendungsfälle erledigen.

Für Leseratten: Die Idee der Architektursichten für Softwaresysteme stammt ursprünglich von Phillipe Kruchten ([Kruchten 95]). Eine ausführliche Darstellung finden Sie auch in [Starke 11].

Die Aufteilung in diese Sichten erlaubt Ihnen, aus verschiedenen Blickwinkeln auf komplexe Softwaresysteme zu blicken und somit selektiv bestimmte Punkte in den Vordergrund zu rücken. Für die Erstellung der Sichten gibt es keine bestimmte Reihenfolge. Manche Architekten denken lieber in statischen Strukturen und nutzen die dynamische Laufzeitsicht primär zur Überprüfung. Andere beginnen lieber mit dynamischen (Laufzeit-)Überlegungen und leiten daraus Bausteine, Schnittstellen und Verteilungsmöglichkeiten ab. Alle Architekten profitieren von diesen verschiedenen Blickwinkeln, weil sie die Entwurfstätigkeit von Architekten erleichtern und unterstützen.

Technische Konzepte für übergreifende Aspekte

Unabhängig von den verschiedenen Sichten müssen Software-Architekten im Rahmen ihrer Entwurfstätigkeiten eine Reihe übergreifender technischer Entscheidungen treffen, die wir „technische Konzepte" nennen. Dazu gehören beispielsweise die detaillierte Ausgestaltung von Persistenz, die Gestaltung von Benutzeroberflächen und ein Konzept zur Fehlerbehandlung: Wie sollen Entwickler diese Dinge technisch lösen, welche Patterns, Frameworks oder Sprachmittel sollen sie dabei verwenden? Mehr dazu finden Sie im Kapitel „Die pragmatische Vorlage" ab Seite 50.

Die Umsetzung solcher technischer Konzepte erfolgt in der Regel nicht in einem einzelnen Baustein, sondern verteilt auf mehrere. Deshalb ist es wichtig, das Lösungskonzept für solche querschnittlichen Aspekte zentral an einer Stelle in der Architektur zu dokumentieren, um die Spielregeln für die Umsetzung in mehreren Bausteinen klar festlegen zu können. Oft besitzen solche Konzepte den Charakter von Entwurfs- oder Architekturmustern und sind über die Grenzen einzelner Systeme hinweg wiederverwendbar.

Neben der hierarchischen Bausteinsicht bilden diese technischen Konzepte oftmals der Einstiegspunkt für Leser in ein besseres Verständnis der Architekturentscheidungen.

Architekturdokumentation = Modelle + Erläuterungen

Quellcode ist Text – wie auch immer er entstanden ist: ob durch Handcodierung, durch Generierung aus Modellen oder durch Konfiguration und Anpassung vorhandener Bibliotheken oder Frameworks. Und große Mengen Text können Sie trotz der heutigen leistungsfähigen Entwicklungsumgebungen nicht einfach überblicken und verstehen. Deshalb gilt für gute Architekturdokumentation unsere Formel: Architekturdokumentation = grafische Modelle + textuelle Erläuterungen.

Dokumentation mit Diagrammen und Erläuterungen

Architekturdokumentation kombiniert Diagramme und Erläuterungen in verständliche und stabile Einheiten. Zur Darstellung der drei Architektursichten sollten Sie Diagramme nutzen. Am besten solche mit klar festgelegter Semantik, wie beispielsweise UML-Diagramme. Sie müssen aber nicht unbedingt UML-Diagramme nutzen. Dann sollten Sie aber sicherstellen, dass jeder Leser die Diagramme auch gleich interpretiert. Das erreichen Sie durch geeignete Legenden pro Diagramm oder durch Festlegung eines Hausstandards, der erläutert, welches Symbol was bedeutet. Wir verwenden in diesem Buch bei unseren Beispielen Standard UML. Im Kapitel „Die pragmatische Vorlage" zeigen wir Ihnen die passenden Diagrammarten für die verschiedenen Architektursichten.

Beachten Sie die Dualität von Diagrammen und strukturierter, textueller Erläuterung, um Verständlichkeit und Transparenz zu erreichen. Ein Bild sagt eben nicht immer so viel wie 1000 Worte, sondern trägt oftmals schlichtweg andere Informationen als die begleitende textuelle Erläuterung. Beide Medien zusammen bilden aus unserer Erfahrung eine Grundlage für langfristig verständliche, effizient pflegbare Dokumentation.

Modelle als Abstraktion des Quellcodes

Ein Grund für den Einsatz von Modellen in der Architekturdokumentation liegt in der schieren Menge des Quellcodes begründet: Viele reale Systeme bestehen heute aus deutlich über 500 000 Zeilen Code. Um solche Mengen an Code verstehen und erweitern zu können, bedarf es zielorientierter Abstraktionen – und dazu kommen dann die Modelle ins Spiel: Statt über tausende Klassen oder Methoden zu sprechen, verwenden Sie in Modellen einige wenige Bausteine mit deren Beziehungen. Das steigert die Verständlichkeit und damit auch die Wartbarkeit und Flexibilität von Systemen. Modelle ermöglichen Ihnen, beim Entwurf von Systemen viele Details auf die Implementierung zu verschieben und sich um *große* strukturelle Zusammenhänge zu kümmern.

Wir sind darüber hinaus der Meinung, dass Sie Modelle schon sehr früh in der Architekturentwicklung durch Quellcode unterstützen und überprüfen sollten: Arbeiten Sie iterativ und validieren Sie Ihre Entwurfsentscheidungen durch Prototypen oder Piloten (deren Quellcode Sie, je nach Situation, entweder verwerfen oder aber in Ihr System übernehmen können).

Manchmal benötigen Sie neben Diagrammen zusätzliche Informationen

Grafiken und Modelle stellen meist das Rückgrat der gewählten Struktur dar. Sie drücken jedoch nicht aus, warum Sie sich als Architekt für diese Struktur entschieden haben. Daher sollten Sie die Motivation und die aus einer Struktur entstehenden Vor- und Nachteile in textuellen Erläuterungen festhalten. Ergänzen Sie die Erläuterungen auch mit Beispielen und Gegenbeispielen, um die Lesbarkeit und Verständlichkeit zu verbessern. Beschreiben Sie die äußeren und inneren Zwänge, die Sie zu der Entscheidung geführt haben. Außerdem können Sie dort Hinweise an die Entwickler festhalten, die für die Implementierung und den Test notwendig sind.

Kurzum: Nutzen Sie Erläuterungen überall da, wo Text das bessere Ausdrucksmittel im Vergleich zu Grafiken ist. Ab einer bestimmten Verfeinerungsebene Ihrer Architekturstruktur sind wir auch davon überzeugt, dass der Quellcode selbst die beste Dokumentation im Kleinen ist. Es ist manchmal wirklich einfacher, die Programmiersprache zu nutzen als zweidimensionale UML-Diagramme zu erstellen. Sie als Architekt müssen entscheiden, wofür Sie Grafiken einsetzen, und wo die Lesbarkeit und Verständlichkeit durch Text verbessert wird.

Einheitliche, standardisierte Gliederungsstruktur

Eine grundsätzliche Empfehlung möchten wir Ihnen noch mit auf den Weg geben: Verwenden Sie zur Beschreibung von Software-Architekturen eine einheitliche, standardisierte Gliederung. Geben Sie Kapitel und Unterkapitel der Dokumentation in Namen und Reihenfolge fest vor. Standardisierte Strukturen helfen bei der Erstellung und dienen dem Verständnis.

Mit einer Standardgliederung besitzt jeder Teil der Architekturbeschreibung einen a priori bekannten Zweck. Verständlichkeit und Navigierbarkeit steigen dadurch beträchtlich. Ihre Leser wissen ganz genau, wo sie bestimmte Informationen finden können. Gleichzeitig wissen Sie als Autor, wo Sie welche Entscheidungen dokumentieren sollen.

Wir sehen in unseren Beratungsprojekten leider immer wieder, dass Projekte viel Zeit und Aufwand verschwenden, um die Struktur der Architekturdokumentation vorzugeben. Warum müssen Sie das Rad in jedem Projekt neu erfinden? Nutzen Sie diese Zeit lieber für inhaltliche Arbeit und schreiben Sie bei uns ab.

Im Kapitel „Die pragmatische Vorlage" zeigen wir Ihnen eine einheitliche Gliederung der gesamten Architekturdokumentation – hierzu verwenden wir das vielfach bewährte Schema [arc42]. Im Folgenden erläutern wir Ihnen einige kleine, wiederverwendbare Schablonen, mit deren Hilfe Sie Bausteine, Schnittstellen und, bei verteilten Systemen, die Knoten Ihrer Verteilungsarchitektur verständlich, nachvollziehbar und transparent beschreiben können. Nutzen Sie

- das Blackbox-Template zur Beschreibung von Bausteinen, deren Innenleben Sie (noch) nicht offenlegen,
- das Whitebox-Template zur Beschreibung des inneren Aufbaus von Architekturbausteinen,
- ein Schnittstellen-Template zur Charakterisierung von Schnittstellen, insbesondere zu externen Systemen,
- das Knoten-Template zur Beschreibung von Rechner-/Hardware-Knoten.

Das Blackbox-Template

Sie sollten die Blackbox-Eigenschaften für jeden Baustein festlegen, den Sie als Teil Ihrer Architektur benötigen. Die folgende Tabelle gibt Ihnen einen Überblick über die Beschreibungsteile des Blackbox-Templates, bevor wir anschließend jeden Teil motivieren.

Bezeichnung	Bedeutung
Name	Wie heißt diese Blackbox?
Zweck & Verantwortlichkeit	Welche Verantwortung übernimmt der Baustein in der Gesamtlösung?
Schnittstelle(n)	Welche Schnittstellen hat der Baustein?
(optional) Abhängigkeiten	Wovon ist dieser Baustein abhängig?
Code-Artefakte	Verweise auf Quellcode-Artefakte.
Erfüllte Anforderungen	Verweise zu den Anforderungen, die dieser Baustein erfüllt.
Variabilität	Was kann sich an diesem Baustein ändern?
Weitere Informationen	Beispielsweise Autor, Versions- und Änderungsinformation.
(optional) Offene Punkte	

Name

Vergeben Sie möglichst sprechende Namen für Ihre Bausteine. Je mehr Mühe Sie sich mit treffenden, ausdrucksstarken Namen geben, desto weniger brauchen Sie in die anderen Abschnitte schreiben.

Zweck und Verantwortlichkeit

Beschreiben Sie den Zweck oder die Verantwortlichkeit dieses Bausteins. Warum ist er Bestandteil des Systems, welche Aufgaben übernimmt er aus der Sicht anderer Bausteine? Welche fachlichen oder technischen Bestandteile des Systems verantwortet dieser Baustein? Welche Anwendungsfälle implementiert der Baustein? Halten Sie die Beschreibung von Zweck und Verantwortlichkeit kurz und präzise, verwenden Sie möglichst weniger als drei Sätze.

Dieser Abschnitt gehört zu den wichtigsten der gesamten Architekturdokumentation: Jeder Ihrer Bausteine muss einen präzise definierten Zweck verfolgen und eine klare Verantwortung innerhalb des Systems (oder zumindest innerhalb seiner umschließenden Whitebox) wahrnehmen. Stellen Sie dar, welchen *Dienst* oder *Service* der Baustein aus Sicht des Gesamtsystems übernimmt.

Typische Formulierungen beginnen etwa mit folgenden Worten: Dieser Baustein ...
- stellt sicher, dass ...
- verantwortet die Abwicklung der ...-Aufgaben.
- erledigt alle Zugriffe auf die ...-Informationen.
- pflegt und verwaltet eigenständig alle ...-Daten.

Führen Sie hier nur die nach außen sichtbaren Aufgaben des Bausteins auf. Eventuell notwendige *interne* Aufgaben sollten Sie aus dieser Zweckbeschreibung weglassen.

Schnittstelle(n)

Beschreiben Sie alle ein- und ausgehende Schnittstellen:
- Eingehend: Was die Komponente von anderen erwartet oder benötigt (inbound, required interface)
- Ausgehend: Was die Komponente anderen liefert (outbound, provided interface)

Mehr zur Beschreibung von Schnittstellen finden Sie auf Seite 101.

Mindestens sollten Sie die *fachliche* Bedeutung von Schnittstellen benennen und in jedem Fall auf die ausführliche Dokumentation der Schnittstellen verweisen. Aber: Bleiben Sie redundanzfrei und beschreiben jede Schnittstelle nur an genau einer Stelle im Detail!

Es kann im Rahmen der schrittweisen Verfeinerung vorkommen, dass mehrere Verfeinerungsebenen der Bausteinsicht identische Außenschnittstellen haben. Sie vermuten richtig: Lediglich an einer einzigen Stelle beschreiben Sie solche Schnittstellen ausführlich – überall sonst wird nur verwiesen, um Redundanz zu vermeiden. Hierauf gehen wir im Kapitel „Ausreden, Einwände und passende Antworten" ab Seite 93.

(optional) Abhängigkeiten

Neben den Schnittstellen kann es Abhängigkeiten des Bausteins geben, die für die korrekte Funktion des Bausteins erfüllt sein müssen. Erklären Sie hier, was der Baustein alles benötigt:

- Benötigt er andere Bausteine, eventuell aus ganz anderen Teilen des Systems?
- Hat er besondere Anforderungen an seine System- oder Laufzeitumgebung?
- Muss dieser Baustein konfiguriert oder auf besondere Weise zur Laufzeit erzeugt werden?
- Bedarf es besonderer Vorkehrungen, um diesen Baustein zu bauen *(build)* oder zu testen?

Code-Artefakte

Architektur, insbesondere die Bausteinsicht von Systemen, korrespondiert mit dem Quellcode. Zeigen Sie hier, aus welchen Code-Artefakten (Packages, Klassen, Dateien, Stylesheets oder Ähnlichem) dieser Baustein besteht.

Falls dieser Baustein „groß" ist, d. h. aus vielen Einzelteilen besteht, dann konzentrieren Sie sich hier auf seine wesentlichen Bestandteile. Sparen Sie hier an Details! Es ist meist überflüssig, eine Liste sämtlicher beteiligter Klassen oder Funktionen anzugeben. Erwähnen Sie hier die zwei bis fünf zentralen Einstiegspunkte. Jeder Entwickler soll auf Basis dieser Information in der Lage sein, alle weiteren zugehörigen Artefakte mit minimalem Aufwand zu lokalisieren. Bitte denken Sie bei Code-Artefakte auch an abhängige Artefakte (wie etwa Build-Skripte oder Konfigurationsdateien).

Insbesondere in großen Systemen werden Sie als Systemarchitekt nur wenige Artefakte detailliert vorgeben, sondern sich primär um die Strukturen im Großen kümmern.

Erfüllte Anforderungen

Verweise zu den Anforderungen, die dieser Baustein erfüllt. Die Dokumentation ermöglicht die prinzipielle Nachvollziehbarkeit *(Trace-*

ability) von Anforderungen. Nachvollziehbar ist für viele Organisationen eine Verpflichtung, die durch Prozessverbesserungsprogramme (z. B. CMMI ab Level 2) oder Forderungen von Zertifizierungsstellen (wie TÜV, FDA, ...) verlangt wird. Allerdings kann dieser Teil auch signifikanten Pflegeaufwand nach sich ziehen. Wägen Sie an dieser Stelle zwischen Kosten und Nutzen ab. Unsere Erfahrung zeigt, dass die Nachvollziehbarkeit einiger weniger Kernanforderungen oftmals ausreicht – und diese Art der Traceability können Sie mit geringem Aufwand aktuell halten.

Variabilität

Dieser Abschnitt unterstützt das Qualitätsmerkmal „Flexibilität": Auf welche Arten von Änderungen ist dieser Baustein vorbereitet? Was kann sich an diesem Baustein ändern? Was kann an diesem Baustein konfiguriert werden (und zu welchem Zeitpunkt)?

Sie können hier auch geplante Änderungen und deren Konsequenzen skizzieren, um beispielsweise die Entwicklung zukünftiger Versionen des Bausteins oder des gesamten Systems zu unterstützen. Dieser Absatz wird oft nicht ernst genommen: Der Baustein erfüllt doch die Verantwortung, die ihm auferlegt wurde, und hat saubere Schnittstellen. Warum an Variabilität für die Zukunft denken? Wenn Sie als Architekt das nicht tun, wird es keiner im Projekt tun! Nur so werden Sie auch den noch unbekannten Anforderungen von morgen gerecht.

Tests

Falls Sie in Ihren Projekten automatisierte Tests (beispielsweise Unit-Tests, siehe [Meszaros 07] oder [Nilsson 06]) einsetzen, können Sie hier die wesentlichen Tests dieses Bausteins benennen. Alternativ beschreiben Sie, auf welche Weise dieser Baustein getestet wird oder werden soll. Hier dürfen Sie gerne Quellcode zitieren ☺.

Weitere Informationen

Beschreiben Sie hier die Dinge wie Autor, Änderungshistorie, Versionsinformation und andere, die sonst nirgendwo stehen.

Offene Punkte

Bemühen Sie sich, die Liste der offenen Punkte möglichst kurz zu halten (und pflegen Sie offene Punkte lieber in einer Fehlerdatenbank ☺).

Das Whitebox-Template

Wenn Sie eine Blackbox genauer betrachten und deren Innenleben weiter strukturieren müssen, verwenden Sie dazu das Whitebox-Template, eine Schablone für die Beschreibung von Whiteboxes. Es besteht aus den folgenden Teilen:

Bezeichnung	Bedeutung
Whitebox zu <<Name>>	Bezeichnung der zu detaillierenden Blackbox
Übersichtsdiagramm	Klassen-, Paket- oder Komponentendiagramm
Lokale Bausteine	Liste aller lokalen (Blackbox-)Bausteine
Lokale Beziehungen und Abhängigkeiten	Liste der lokalen Abhängigkeiten, d. h. Schnittstellen zwischen lokalen Blackboxes oder zu äußeren Bausteinen
Entwurfsentscheidungen	Welche Entscheidungen haben zu dieser Struktur geführt?
(optional) Verworfene Entwurfsalternativen	Welche Alternativen gab es?
(optional) Verweise	Verweise auf zusätzliche Informationen
(optional) Offene Punkte	

Übersichtsdiagramm

Beginnen Sie mit einem Übersichtsdiagramm: Zeigen Sie in einem UML-Paket-, Komponenten- oder Klassendiagramm die Bausteine dieser Verfeinerungsebene mit ihren gegenseitigen Beziehungen und externen Schnittstellen. Im Beispiel erkennen Sie zwei externe Schnittstellen (Kundendaten und Reports), wobei sich der Begriff „extern" auf den Kontext der jeweiligen Whitebox bezieht.

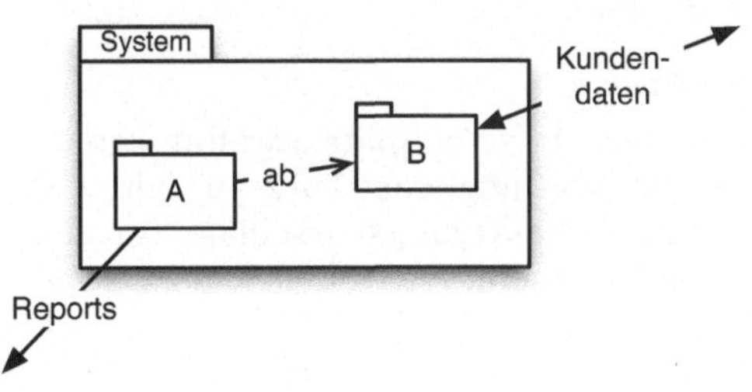

Lokale Bausteine

Eine Tabelle oder Liste mit Namen und Verweisen auf alle lokalen Bausteine. Alle diese Bausteine sind hier Blackboxes und werden im Anschluss an die Whitebox-Beschreibung jeweils mit dem oben gezeigten Blackbox-Template beschrieben.

Beziehungen und Abhängigkeiten

Eine Tabelle oder Liste mit Namen und kurzer Beschreibung aller Beziehungen (Schnittstellen) zwischen den lokalen Bausteinen sowie aus der Whitebox nach außen. Im Beispiel wäre das die Beziehung „ab" sowie die „Kundendaten" und „Reports". Falls es sich bei diesen Beziehungen um Schnittstellen zur Außenwelt handelt, sollten Sie in jedem Fall Verweise auf deren ausführliche Dokumentation aufnehmen.

Entwurfsentscheidungen

Beschreiben Sie hier die Entscheidungen, die der Struktur dieser Whitebox zugrunde liegen. Hierfür genügen häufig Stichworte, insbesondere im Zusammenhang mit dem nachfolgenden Abschnitt über verworfene Entwurfsalternativen. Globale Entwurfsentscheidungen, die den Kontext einzelner Whiteboxes überschreiten, beschreiben Sie jedoch besser in arc42-Kap. 10.

(optional) Verworfene Entwurfsalternativen

Skizzieren Sie hier, welche Alternativen Sie verworfen haben und aus welchen Gründen.

(optional) Verweise

Dieser Abschnitt ist ein Platzhalter für alle Informationen, die zum Verständnis dieser Whitebox beitragen können. Verweisen Sie hier auf Entwurfs- oder Architekturmuster oder die Dokumentation anderer Projekte oder Systeme.

(optional) Offene Punkte

Wie schon bei dem Blackbox-Template erwähnt: Bemühen Sie sich, die Liste der offenen Punkte möglichst kurz zu halten. Sie können hier beispielsweise auch Verbesserungsvorschläge für zukünftige Versionen des Systems aufnehmen.

Das Schnittstellen-Template

Einen Vorschlag für ein Schnittstellen-Template haben wir im Kapitel „Ausreden, Einwände und passende Antworten" integriert, in dem zahlreiche Fragen rund um das Thema Schnittstellen ausführlich behandelt werden.

Das Knoten-Template

Knoten sind in der Regel technische Ausführungsumgebungen wie Rechner oder andere Container, in Ausnahmefällen auch Menschen oder Maschinen, also grundsätzlich alles, was Prozesse abarbeiten und sich Daten merken kann (in anderen Worten: Verarbeitungskapazität und/oder Speicherkapazität aufweist). Verwenden Sie zur Dokumentation von Knoten den folgenden erprobten Vorschlag, das Knoten-Template.

Element	Beschreibung
Name	Name des Knotens oder des Knoten-Typs
Beschreibung/Motivation	Kurze Beschreibung oder Kommentar, warum dieser Prozessor, dieser Chip oder diese Speichereinheit ausgewählt wurde; warum Sie als Architekt davon ausgehen, dass dieser Knoten die Leistung erbringen kann, die ihm softwaremäßig auferlegt wird.
Leistungsmerkmale	Technische Leistungs- oder Ausstattungsmerkmale. Hierzu zählen beispielsweise CPU, Haupt- oder Plattenspeicher.
Zugeordnete Verteilungsartefakte	Der entscheidende Teil der jeweiligen Verteilungsvariante: Welche Verteilungs- oder Installationsartefakte werden auf diesem Knoten installiert und ausgeführt?
Sonstige Verwaltungsinformationen	Preis- und Beschaffungsinformationen, Hinweis auf Standort, Hersteller oder sonstige organisatorische Infos.
Offene Punkte	Offene Fragen, Probleme oder Risiken im Zusammenhang mit diesem Knoten. In jedem freigegebenen Stand der Architektur sollte dieser Abschnitt möglichst leer sein.

Kommen wir abschließend noch zu zwei inhaltlichen Punkten:
- Wie gestalte ich meine Architektur?
- Wie finde ich Bausteine und Zerlegungen?

Darauf geben wir Ihnen im Rahmen dieses Buches nur kurze Hinweise, deren Beachtung uns jedoch sehr am Herzen liegt. Sie finden in den nächsten Abschnitten aber Verweise auf ausführlichere Literatur.

Trennung von Fachlichkeit und Technik

Aus unserer Sicht bildet die explizite Trennung fachlicher und technischer Teile von Software-Architekturen eine wesentliche Grundlage für die langfristige Qualität von Systemen. Daher sollten Sie grundsätzlich versuchen, die fachlichen Bausteine Ihrer Systeme von den notwendigen technischen Infrastrukturbausteinen zu trennen. Jeder Baustein Ihres Systems sollte dabei eine eindeutige Verantwortung für genau einen dieser beiden Aspekte tragen – entweder fachlich oder technisch, möglichst nie in Mischformen.

Der Vorteil dieser strikten Trennung liegt in der besseren Modularisierung und Wartbarkeit, meistens verbunden mit besserer Verständlichkeit. Außerdem können auf Basis eines rein fachlichen Modells auch Domänen- und Softwareexperten besser miteinander reden.

Die Anforderungen an fachliche und technische Teile ändern sich unabhängig voneinander – ein weiterer Grund, diese beiden getrennt voneinander zu entwickeln und zu pflegen. Sie sollten bei rein technologisch begründeten Änderungswünschen davon ausgehen, dass der fachliche Kern Ihrer Architektur stabil und unverändert bleiben kann.

In der Entwurfsmethode „Domain Driven Design", von Eric Evans ([Evans 03], auch [Nilsson 06]) finden Sie noch viele weitere Gründe für die getrennte Modellierung von Fachlichkeit und Technik – neben Tipps und Mustern zum konkreten Vorgehen, unter anderem das weiter unten geschilderte Layer-Muster.

Architekturmuster

Software-Architekten benötigen viel Erfahrung beim Entwurf komplexer Systeme – jedoch können sie auf die Erfahrungen anderer zurückgreifen, statt alles selbst probieren zu müssen. Diese systematische

Wiederverwendung auf konzeptionellem Niveau funktioniert in Form von Architektur- oder Entwurfsmustern, die seit einigen Jahren sowohl in der Literatur als auch der Praxis der IT Verbreitung gefunden haben. Wir haben Ihnen aus den einschlägigen Quellen eine kurze Auswahl solcher Muster zusammengestellt, um Ihnen das Spektrum der Möglichkeiten aufzuzeigen. Die nachfolgende Liste erhebt keinen Anspruch, einen vollständigen oder umfassenden Einblick in die Vielfalt und inhaltliche Tiefe von Architektur- und Entwurfsmustern zu geben.

Viele der Architekturmuster setzen Sie in der Praxis in Kombination ein: Beispielsweise können Sie ein System in Schichten strukturieren, die grafische Oberfläche gleichzeitig gemäß dem Model-View-Controller-Muster mit ihren Domänen-Bausteinen verbinden.

Zur Vertiefung stehen bei den Mustern jeweils die Quellenangaben.

Domain Model

Entwickeln Sie ein Modell, das die fachlichen *Dinge* und Verantwortlichkeiten definiert. Dieses Modell besteht aus fachlich wichtigen Abstraktionen dieser Domäne. Deren Zusammenwirken reflektiert die fachlichen Abläufe und Prozesse. Ein solches *Domänenmodell* bildet die Grundlage der objektorientierten Analyse und spiegelt die *Best Practice* des modernen Software-Engineering wieder.

Ein solches fachliches Modell unterstützt die Trennung fachlicher und technischer Bausteine, die wir für die langfristige Wartbarkeit von Architekturen grundsätzlich empfehlen. Eine kritische Herausforderung dieser Modelle besteht in ihrer Abbildung auf Persistenzmechanismen sowie (grafische) Benutzeroberflächen – hierfür benötigen Sie zusätzliche Muster, die Ihnen beispielsweise [Fowler 03] vorstellt.

Quellen: [Buschmann+07], [Fowler 03], auch [Evans 03] und [Nilsson 06].

Tipp: Erstellen Sie (möglichst) immer ein Domain Model
Wir halten ein robustes und zwischen Fachseite und Systementwicklung abgestimmtes Domain Model für eine wichtige Grundlage effektiver Systementwicklung. Erstellen Sie grundsätzlich ein solches Modell – es sei denn, Sie arbeiten an völlig trivialen Problemen!

Schichten

Schichten (Layers, Tiers) zerlegen Systeme in Benutzungshierarchien. Jede Schicht bietet dabei den darüberliegenden Schichten Dienste an und verwendet ihrerseits Dienste der darunterliegenden Schichten. Viele moderne Entwicklungsframeworks basieren auf Schichtenmodellen (u. a. Java-Enterprise, Microsoft.NET). Intensive Anwendung finden Schichten auch im domänenzentrierten Design nach [Evans 03], dessen Vorschlag für die wesentlichen vier Schichten Sie in der folgenden Abbildung sehen.

Interaktive Informationssysteme basieren sehr häufig auf diesem Modell. Es ermöglicht eine saubere Trennung zwischen Fachlichkeit und Technik, bei der eine einzige Schicht (der *Domain Layer*) sämtliche fachlichen Bestandteile zusammenfasst.

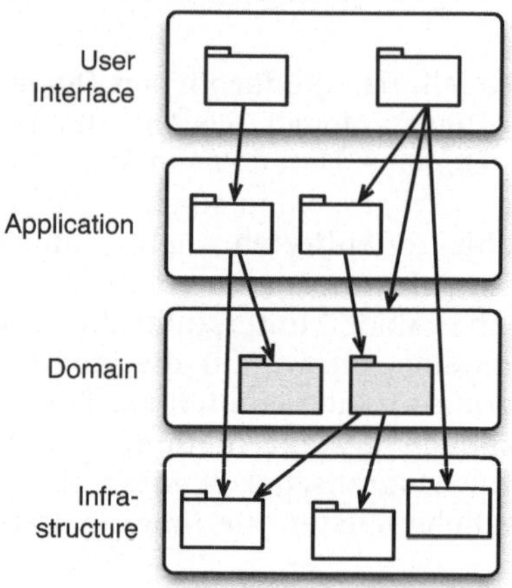

Quellen: [Shaw+96], [Buschmann+96], [Fowler 03], auch [Evans 03] und [Nilsson 06].

Pipes und Filter

Bausteine nehmen an Eingangsschnittstellen fortlaufend Daten entgegen, wenden darauf – gemäß ihres Verwendungszwecks – eine Funktionalität an und übergeben die derart transformierten Daten ihrer Ausgangsschnittstelle. Solche Bausteine heißen *Filter*, und die

Übertragungskanäle zwischen Filtern nennt man *Pipes*. Filter arbeiten komplett eigenständig, ohne mit anderen Filtern irgendwelchen Verarbeitungszustand auszutauschen. Sie kennen die vor und nach ihnen arbeitenden Filter nicht.

Die Abbildung zeigt das Beispiel der Pipe-und-Filter-Architektur einer digitalen Kamera.

Quellen: [Shaw+96], [Buschmann+96], ein ausführliches Beispiel steht in [Starke 11].

Repositories (Blackboard)

> *The Blackboard architectural pattern is useful for problems for*
> *which no deterministic solution strategies are known.*
> *In Blackboard several specialized subsystems assemble their*
> *knowledge to build a possibly partial or approximate solution.*
> Aus: [Buschmann+96, p. 71]

In Repository- oder Blackboard-Strukturen gibt es drei verschiedene Typen von Bausteinen:

- Eine zentrale Datenstruktur (das Repository) repräsentiert den aktuellen Bearbeitungs- oder Wissensstand.
- Voneinander unabhängige Bausteine („Wissensverarbeiter"), die auf dem Repository operieren.
- (Optional) Eine Steuerung, die Wissensverarbeiter bei Bedarf aktiviert.

Die Wissensverarbeiter sollen im Repository zusätzliche Daten schaffen. Jeder von ihnen kann einen spezifischen Teil zur Gesamtaufgabe des Systems beitragen, wobei die Bearbeitungsreihenfolge a priori nicht festgelegt ist.

Solche Strukturen finden häufig in wissensverarbeitenden Systemen Anwendung. [Buschmann+96] gibt Spracherkennung als Beispiel an.

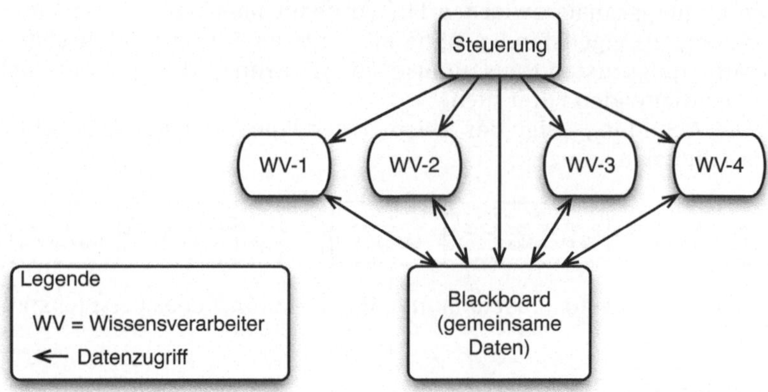

Quellen: [Shaw+96], eine ausführliche Darstellung mit Beispielen in [Buschmann+96].

Broker

Sie können das Broker-Muster verwenden, um die Zusammenarbeit in verteilten Systemen zu koordinieren. Ein Broker verantwortet dabei den Ablauf der Kommunikation verteilter Bausteine sowie die technische Übertragung von Anfragen, Ergebnissen und Ausnahmen (nach [Buschmann+96]).

Quellen: [Buschmann+96], [Buschmann+07]. Letzteres Buch, Band 4 der POSA-Reihe über pattern-orientierte Software-Architektur, beschäftigt sich mit Strukturen für verteilte Systeme.

Model-View-Controller

Das Model-View-Controller-(MVC-)Muster eignet sich zur Strukturierung interaktiver Systeme. Es trennt folgende drei Verantwortlichkeiten:

- Model: Enthält die fachlichen Bestandteile des Systems, den sogenannten Anwendungskern. Das Model kapselt alle fachlichen Daten und Dienste. Die Controller (s. u.) rufen diese Dienste nach Anforderung durch Anwender auf.
- View: Zeigen Informationen (grafisch) für die Benutzer an.
- Controller: Nehmen Benutzereingaben oder -events an und leiten sie an passende Model- oder View-Bestandteile weiter.

Viele moderne Frameworks zur Implementierung grafischer Benutzeroberflächen basieren auf dem MVC-Muster oder Spezialisierungen davon. Solche Spezialisierungen benötigen Sie beispielsweise für die Anbindung von View und Controller über das zustandslose HTTP-Prokoll bei Web-Anwendungen.

Eng verwandt mit MVC ist das *Presentation-Abstraction-Control-Muster*, das in [Buschmann+96] erläutert wird.

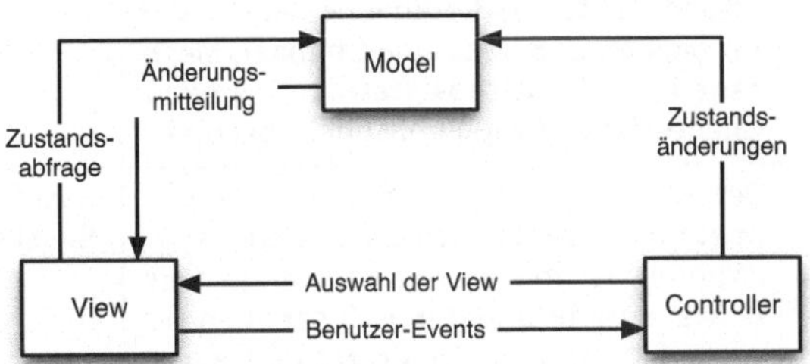

Quellen: [Buschmann+96], [Fowler 03], [Buschmann+07]. MVC nutzt das *Observer-Entwurfsmuster* aus [GoF 95] zur Weiterleitung von Änderungen (*change propagation*) an Modell und Oberfläche an die anderen Bausteine.

Weitere Architekturmuster

Einige weitere Muster möchten wir Ihnen aufgrund der Platzbeschränkungen nur andeuten (Primär, um Ihr Interesse zu wecken; für eine vertiefte Darstellung fehlt uns in diesem Buch leider der Platz!).

Name	Kurzbeschreibung	Quellen
Microkernel	Für Systeme bzw. Produktfamilien mit stark wechselnden Anforderungen, aber gemeinsamer funktionaler Basis. Es trennt Basis- und Spezialfunktionalität. Der Microkernel kann über PlugIns mit erweiterter Funktionalität ausgestattet werden. Er koordiniert das Zusammenspiel der unterschiedlichen Funktionen.	[Buschmann+96] [Buschmann+07]

Name	Kurzbeschreibung	Quellen
Messaging	Verbinde verschiedene Systeme über einen Nachrichten-Bus, der ihnen die asynchrone Übermittlung von Daten ermöglicht. Codiere die Nachrichten, sodass Sender und Empfänger zuverlässig kommunizieren können, ohne vorab sämtliche Typinformation zu kennen. In diesen Kontext gehören eine Reihe weiterer Muster, z. B. Message-Channel, Message-Router, Message-Translator, Broker, Client-Proxy sowie Publisher-Subscriber.	[Hohpe 03], [Buschmann+07]
Whole-Part	Zerlegen Sie einem (großen) Baustein in ein nach außen sichtbares Ganzes (Whole), das mehrere unabhängige Teile (Parts) enthält und deren Zusammenwirken koordiniert. Definieren Sie eine einzige gesamthafte Schnittstelle für das Ganze. Diese Schnittstelle ist die einzige Möglichkeit, auf die Funktionalität zuzugreifen [Evans03] bezeichnet dies als Aggregate. (Abbildung nach [Buschmann+07]). 	[Buschmann+07] [Buschmann+96]
Application Controller	Kapseln Sie die Abläufe (Prozesse, Workflows) des Systems in einem eigenen Application-Controller. Die Controller der Benutzeroberfläche verwenden diesen Application Controller, um notwendige Aktionen auf den Domain-Bausteinen auszuführen sowie die Ergebnisse anzuzeigen.	[Fowler 03], [Buschmann+07]

Name	Kurzbeschreibung	Quellen
Database Access Layer	Führen Sie eine getrennte Datenzugriffsschicht (Database Access Layer) zwischen dem System und der relationalen Datenbank ein, die einen stabilen und objektorientierte Zugriff auf Daten des Systems ermöglicht. Hierzu gehören weitere Muster, wie Data-Mapper, Row-Data-Gateway, Table-Data-Gateway oder Active-Record.	[Fowler 03], [Buschmann+07]
Container	Definieren Sie einen Container als Ausführungsumgebung von Bausteinen, die Sie vom System oder der konkreten technischen Umgebung entkoppeln möchten. Der Container stellt die notwendige technische Infrastruktur für die Ausführung der Bausteine bereit. Er trennt die eigentliche Nutzung der Bausteine von ihrer Integration in konkrete technische Infrastrukturen. Dieses Muster steht in Zusammenhang zu weiteren Mustern, etwa Object-Manager, Component-Configurator, Resource-Pool, Task-Coordinator, Activator, Leasing etc.	[Buschmann+07]

Tipp: Betreiben Sie aktiv Wiederverwendung (a. k. a. „Abschreiben für Fortgeschrittene")

Wir wissen, dass Ihnen in Ihrer Schulzeit das Abschreiben streng verboten wurde; uns übrigens auch. Wir plädieren an dieser Stelle dafür, das Abschreiben in Software-Architektur zur Tugend zu erklären. Nutzen Sie die gesammelte Erfahrung der Pattern-Community (und stellen Sie mindestens die Klassiker [Buschmann+96], [Buschmann+07] sowie [Fowler 03] auf Ihren Schreibtisch).

Die pragmatische Vorlage

Dieses Kapitel erläutert Ihnen ein pragmatisches Template, mit dem Sie Ihre Software-Architekturen entwickeln und beschreiben können.  Es basiert auf dem frei verfügbaren arc42-Template (siehe [arc42]). arc42 ist Freeware und steht unter einer flexiblen Creative-Commons-Lizenz – Sie dürfen es kostenfrei beliebig verwenden und anpassen.

So strukturieren Sie Architekturbeschreibungen

In der folgenden Tabelle stellen wir Ihnen die Hauptkapitel des arc42-Template vor, einem praxisorientierten und vielfach erprobten Ansatz zur Beschreibung und Entwicklung von Software- und System-architekturen. Anders als im Rest des Buches haben wir dabei die Überschriften analog zum arc42-Template nummeriert.

Kapitel in arc42	Inhalt
1 Einführung und Ziele 1.1 Aufgabenstellung 1.2 Qualitätsziele 1.3 Projektbeteiligte (Stakeholder)	Kurze Zusammenfassung der wesentlichen Anforderungen an das System. Wichtig ist die Darstellung der nichtfunktionalen Anforderungen (Qualitätsmerkmale), die i.d.R. die wesentlichen Architekturziele bilden.
2 Randbedingungen 2.1 Technische Randbedingungen 2.2 Organisatorische Randbedingungen 2.3 Konventionen	Faktoren, die den Systemarchitekten beim Entwurf einschränken.
3 Kontextabgrenzung 3.1 Fachlicher Kontext 3.2 Technischer oder Verteilungskontext	Die Top-Level Darstellung des Systems in seinem fachlichen oder technischen Umfeld.
4 Lösungsstrategie	Kurzer Überblick über die grundlegenden Entscheidungen und Lösungsansätze
5 Bausteinsicht	Die statische Struktur, die Zerlegung des Systems in Implementierungsbestandteile, hier Bausteine genannt. Beschrieben in verschiedenen Verfeinerungsebenen.

Kapitel in arc42	Inhalt
6 Laufzeitsicht	Zeigt die Zusammenarbeit von Bausteinen zur Laufzeit, illustriert die Dynamik des Systems.
7 Verteilungssicht	Beschreibt die möglichen Ausführungsumgebungen des Systems, seine technische Infrastruktur.
8 Typische Muster, Strukturen und Abläufe	Wiederholt benutzte oder auftretende Strukturen, die sich in die Top-down-Zerlegungen von Kapitel 5 und 6 nicht systematisch einfügen lassen.
9 Technische Konzepte	Lösungsansätze für übergreifende Themen, wie Persistenz, Transaktionen oder GUI.
10 Entwurfsentscheidungen	Zentrale architekturrelevante Entscheidungen mit Begründung
11 Qualitätsszenarien	Szenarien, mit deren Hilfe Sie bewerten können, ob die Architektur noch Risiken hinsichtlich der geforderten Qualitätsmerkmale enthält.
12 Risiken	Die Liste der erkannten technischen Risiken
13 Glossar	Definitionen und Erklärung der wichtigsten Begriffe

1 Einführung und Ziele

In diesem Abschnitt beschreiben Sie den Sinn und Zweck des Systems. Fassen Sie die wesentlichen funktionalen und nichtfunktionalen Anforderungen an das System zusammen. Der Abschnitt dient als Einstieg in das zu lösende Problem. Optimieren Sie ihn auf Übersichtlichkeit, nicht auf Vollständigkeit. Fassen Sie die wesentlichen Dinge auf ein bis drei Seiten zusammen. Verweisen Sie für ausführliche Darstellungen auf die betreffende Anforderungsdokumentation, beispielsweise fachliche Klassenmodelle oder andere Spezifikationen.

Ziel dieser Einführung ist es, die Leser *abzuholen* und die Basis für das Verständnis der Architektur zu schaffen.

1.1 Aufgabenstellung

Fassen Sie die wesentlichen funktionalen Anforderungen an das System zusammen. Minimieren Sie dabei Redundanzen und kopieren Sie wirklich nur sehr kurze Teile der Anforderungsdokumentation – aber so viel, dass Leser verstehen können, was das System leisten soll. Verweisen Sie auf weiterführende Anwendungsfälle, Anforderungsanalysen oder ähnliche Dokumente.

Ja, wir wissen, dass es sich dabei um Wiederholungen aus der Anforderungsdokumentation handelt. In diesem Fall halten wir diese Wiederholung jedoch für einen Dienst am Leser.

1.2 Qualitätsziele

Die wesentlichen Architekturziele sind qualitativer Natur. Manchmal stimmen sie mit den wichtigsten Qualitätszielen (oftmals auch *nichtfunktionale Anforderungen genannt*) der Auftraggeber überein. Manchmal hat der Auftraggeber aber auch nur bis zum Projektende gedacht und nicht bis zum Ende der Lebenszeit der Software. Die Qualitätsziele für die Architektur sind fast immer langfristig und unterscheiden sich gravierend von den kurzfristigen Projektzielen. Beispiele solcher Architektur- oder Qualitätsziele sind Flexibilität, Erweiterbarkeit, Benutzungsfreundlichkeit oder Performance.

Konzentrieren Sie sich hier auf die wichtigsten drei bis fünf Ziele und beschreiben Sie diese in Stichworten. Wir halten die Liste bewusst so kurz, weil es schwierig ist, diese nichtfunktionalen Qualitätseigenschaften zu priorisieren. Versuchen Sie einmal, mit einigen maßgeblichen Stakeholdern zu entscheiden, ob Benutzungsfreundlichkeit mehr Gewicht bekommen soll als Performanz und Sicherheit. Da Sie als Architekt manchmal Kompromisse eingehen müssen, ist es für Sie essentiell zu wissen, welchem Kriterium im Zweifelsfall der Vorzug gegeben werden soll.

Verwenden Sie zur Beschreibung folgende Form:

Nr./Priorität	Qualitätsziel	Kurzbeschreibung/Verweis

Die Spalten haben folgende Bedeutung:

- Nr./Priorität: Die Nummerierung bringt eine eindeutige Reihenfolge in die Wichtigkeit der Architekturziele. Diese Reihenfolge kann Ihnen bei kritischen Architekturentscheidungen helfen.

- Qualitätsziel, auch Architekturziel genannt. Vermerken Sie hier Stichworte wie Erweiterbarkeit, Bedienerfreundlichkeit, Performance, Robustheit oder ähnliche.

- Als Kurzbeschreibung geben Sie eine möglichst konkret prüfbare Definition an, oder einen Verweis auf ein Bewertungsszenario (siehe arc42-Kap. 11). Der Standard [ISO 9126] ist die Mutter aller Definitionen von Qualitätsmerkmalen.

In der Praxis kommen Qualitätsziele für die Architektur in Anforderungsdokumenten viel zu selten explizit vor. Als Architekt brauchen Sie diese Ziele jedoch als Grundlage für angemessene Entwurfsentscheidungen. Daher müssen Sie hier meistens nacharbeiten und die bestehenden Anforderungen verfeinern.

Tipps:

- Beginnen Sie niemals eine Systementwicklung, ohne dass Qualitäts- oder Architekturziele schriftlich fixiert und abgestimmt sind. Diese sind für Architekturen erheblich wichtiger als funktionale Anforderungen!

- Falls Ihre Anforderungsdokumentation diese Qualitäts- und Architekturziele nur unzureichend detailliert (leider der Normalfall in vielen Projekten.), dann sollten Sie diese wichtigen Ziele deutlich detaillierter ausführen, als die obige Tabelle dies zulässt. Stellen Sie sicher, dass zumindest die Anforderungen an Effizienz (landläufig Performance genannt), Änderbarkeit, Flexibilität und Sicherheit verständlich und nachvollziehbar dokumentiert sind.

1.3 Projektbeteiligte (Stakeholder)

Eine Liste oder Tabelle der Personen oder Organisationseinheiten, die das System und seine Architektur beeinflussen oder von ihm betroffen sind. Diese Liste gehört im Idealfall bereits zu den Systemanforderungen. Verwenden Sie folgende Struktur (nach [Volere]):

Name/Rolle	Ziel/Berührungspunkt	Notwendige Beteiligung

Die Spalten haben dabei folgende Bedeutung

- Name/Rolle: Organisationseinheiten, Rollen, Personen, Unternehmen oder Organisationen, die ein (positives oder negatives) Interesse am System haben.
- Ziel/Berührungspunkt: Welches Ziel (positiv oder negativ) verfolgt der Stakeholder mit dem System? Was gewinnt oder verliert er? Welche Berührungspunkte hat er mit dem System?
- Notwendige Beteiligung: Was muss dieser Stakeholder für das Projekt oder das System leisten? Wie, wann und in welchem Umfang muss er eingebunden werden?

Stellen Sie sicher, dass im Rahmen der Anforderungsanalyse eine Stakeholderanalyse durchgeführt wurde und die relevanten Projektbeteiligten für die Systemerstellung identifiziert wurden. Falls das nicht geschehen ist, müssen Sie auch hier *nacharbeiten* (daran haben Sie sich wahrscheinlich bei der Erarbeitung der Architekturziele bereits gewöhnt, oder?). Auf jeden Fall sollten Sie die Liste auf Vollständigkeit prüfen: Projektleiter und Requirements Engineers übersehen sehr oft die Personen, die aus technologischer Sicht Beiträge zum Projekt bringen können, wie z. B. Ergonomieexperten, Spezialisten für Frameworks, Lieferanten von Libraries, Security-Fachleute, ... Ergänzen Sie aus Architektursicht alle Personen, die zu einem Teil der Lösung Beiträge liefern können.

Tipp:

Ja – Sie haben Recht, alle Bestandteile dieses arc42-Kapitels sollten in *guten* Anforderungen enthalten sein. Sie sind es in der Realität leider zu selten. Als Software-Architekt müssen Sie Anforderungen klären, zumindest in einem Maße, das Ihnen erste Entwurfsentscheidungen ermöglicht.

---

2 Randbedingungen

Randbedingungen sind sämtliche Faktoren, die Ihre Freiheitsgrade bei Ihren Entwurfsentscheidungen begrenzen oder sogar Entwicklungsprozesse einschränken. Als Software-Architekt bekommen Sie diese Randbedingungen meist von Auftraggebern oder anderen Stake-holdern vorgegeben.

Falls Randbedingungen aus Ihrer Sicht unangemessene Konsequenzen nach sich ziehen, sollten Sie mit Ihren Auftraggebern oder den maßgebenden Projektbeteiligten darüber verhandeln. Als Architekt sind Sie für die Identifikation solcher Konsequenzen verantwortlich.

Beschreiben Sie Randbedingungen als informelle Liste oder Tabelle, gegliedert nach technischen und organisatorischen Randbedingungen, sowie einzuhaltenden Konventionen.

ID	Randbedingung	Beschreibung

Dabei haben die Spalten der Tabelle folgende Bedeutung:
- ID: Eine eindeutige Identifikation der konkreten Randbedingung, eventuell mit Präfixen (ORG = organisatorisch, TECH = technisch, KONV = Konvention oder ähnliche). Diese Identifikation kann für Referenzen, etwa bei Entwurfsentscheidungen, hilfreich sein.
- Randbedingung: Um welche Art der Randbedingung handelt es sich?
- Beschreibung: Kurze Beschreibung der Randbedingung, eventuell Verweis auf weiterführende Dokumentation.

2.1 Technische Randbedingungen

Technische Randbedingungen beschreiben Hardware-, Software- und betriebliche Randbedingungen (wie Betriebssysteme, Application-Server, Middleware, Datenbanken u. s. w.), aber auch Entwicklungsvorgaben (wie Versionsmanagementsysteme, Einschränkungen durch den Entwicklungsprozess).

2.2 Organisatorische Randbedingungen

Diese Randbedingungen beschreiben Einflüsse organisatorischer Art, wie beispielsweise Gesetze, Vorschriften, Normen, Standards oder Regularien. Ebenfalls zu dieser Kategorie gehören Organisations-,Projekt- oder Teamstruktur, Know-how der Stakeholder, Zeit und Budgetvorgaben, vorhandene Entwicklungsrichtlinien wie Versionsmanagement oder einzuhaltende Review- und Berichtsprozesse.

2.3 Konventionen

Zu Konventionen gehören Programmier-, Dokumentations- oder Namenskonventionen, Richtlinien für Benennung oder Ablage von Entwicklungsartefakten, sonstige Konventionen für die Systementwicklung.

Tipp:

Heben Sie Ihren Blick über den Tellerrand der technischen Randbedingungen, ziehen Sie sämtliche Faktoren in Betracht, die Ihren Systementwurf und dessen Implementierung beeinflussen können. Fragen Sie dazu ganz gezielt bei anderen Projektbeteiligten (insbesondere Auftraggebern, Projektmanagement und den Betreibern des Systems) nach.

3 Kontextabgrenzung

Die Kontextabgrenzung enthält das gesamte System als eine einzige Blackbox, mit sämtlichen externen Schnittstellen (externe IT-Systeme sowie Benutzerrollen). Legen Sie hier alle für diese Top-Level-Darstellung relevanten Aspekte dieser Schnittstellen fest. Details folgen dann später in der Bausteinsicht. Beschreiben Sie in der Kontextabgrenzung folgende Dinge:

- Namen und Funktion aller Nachbarsysteme
- Art der mit den Nachbarsystemen ausgetauschten Daten – für die Kontextabgrenzung genügen hier stichwortartige Beschreibungen. Das sind die Außenschnittstellen (auch externe Schnittstellen genannt) des Systems
- Datenformate, sofern hier bereits relevant
- Übertragungsmedien oder -kanäle, sofern hier relevant
- Metainformationen der Schnittstellen oder übertragenen Daten, etwa: Häufigkeit der Übertragung, Mengengerüste, Sicherheit, Kompression, etwaige Transformationen, synchrone oder asynchrone Übertragung, Monitoring/Protokollierung der Übertragungen, Verifikation, Handshake oder Protokoll der Übertragung, Daten- oder Kontrollfluss

Verwenden Sie eine tabellarische Darstellung der folgenden Form:

Schnittstelle/ Nachbarsystem	Ausgetauschte Daten (Datenformate, Medien)	Technologie/ Protokoll

Die Kontextabgrenzung werden Sie in den verschiedenen Detaillierungsebenen der Bausteinsicht (siehe arc42-Kap. 5) weiter verfeinern. Informationen zu den externen Schnittstellen müssen Sie spätestens dort exakt dokumentieren. Daher können Sie hier in der Kontextabgrenzung mit Details sparsam umgehen.

In einer idealen Situation haben Sie die Kontextabgrenzung bereits von Ihren freundlichen Systemanalytikerinnen erhalten und können sich auf deren präzise Schnittstellenbeschreibungen verlassen. In der Realität müssen Sie wahrscheinlich viele Details der Kontextabgrenzung selber (mühevoll) mit den Verantwortlichen für die Nachbarsysteme klären.

Tipp:

Beginnen Sie Ihre Tätigkeit als Architekt in einem neuen Projekt mit der Kontextabgrenzung. Sie können damit Ihre freundlichen Projektleiter bei der Festlegung des Projekt- oder Systemumfangs (Scoping) unterstützen und schützen sich selbst vor den bösen Überraschungen ungeklärter Schnittstellen. Kommunizieren Sie die Kontextdiagramme (siehe unten) an Ihre Auftraggeber, fachliche Ansprechpartner und auch die Betreiber des Systems und fordern Sie von diesen Beteiligten Rückmeldung dazu ein!

Die Kontextabgrenzung existiert in zwei Ausprägungen, dem fachlichen Kontext (unbedingt erforderlich) und dem technischen Kontext (optional). In beiden Fällen können Sie zur übersichtlichen Darstellung des Systems in seiner Umwelt Kontextdiagramme verwenden, Beispiele dazu finden Sie weiter unten.

3.1 Fachlicher Kontext

Der fachliche Kontext beschreibt die Funktion und das Umfeld des Systems aus einer geschäftlichen oder fachlichen Perspektive (business context). Oftmals finden Sie im fachlichen Kontext Verweise auf die wichtigsten Anwendungsfälle (use cases) der Anforderungsanalyse.

Die Kontextabgrenzung sollten Sie zumindest statisch beschreiben, z. B: mit einem UML-Paket- oder Komponentendiagrammen. Falls Sie hier (ergänzend zu den Anforderungsdokumenten) auch Abläufe zwischen den Nachbarsystemen und Ihrem System zeigen möchten, eignen sich beispielsweise Sequenzdiagramme.

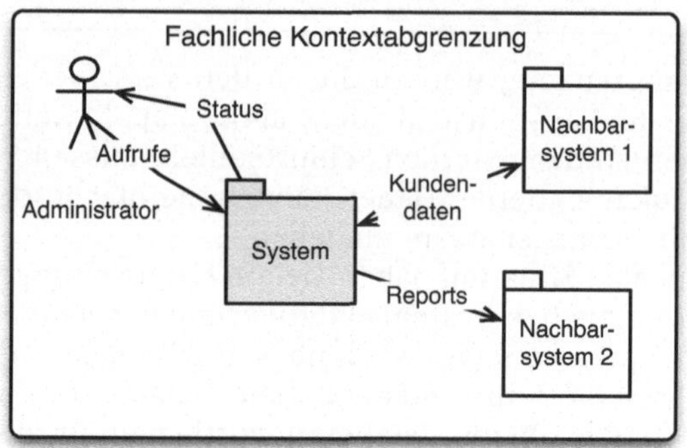

Tipps:

- Wenn die Schnittstellen hier (oder in bestehenden Dokumenten) schon ausführlich beschrieben sind, dann verwenden Sie Komponentensymbole, sonst Paketsymbole.
- Halten Sie das Layout übersichtlich: zeichnen Sie Nutzer auf die eine Seite, Fremdsysteme auf die andere.
- Falls es mehr als 7–10 Nachbarsysteme gibt, aggregieren Sie zu „Blöcken" oder „Domänen" und beschreiben Sie diese Systemgruppen kurz in einer Tabelle wie oben angegeben.

3.2 Technischer oder Verteilungskontext

Als Ergänzung zum fachlichen Kontext können Sie hier technische Kanäle und/oder Übertragungsmedien zwischen dem System, seinen Nachbarn und deren Umgebung beschreiben. Verwenden Sie UML-Verteilungsdiagramme mit ergänzenden Erläuterungen der dargestellten Elemente.

Die Beschreibung des technischen Kontextes ist optional, da diese Darstellung der technischen Infrastruktur auch in der Verteilungssicht (siehe arc42-Kap. 7) aufgezeigt wird. Insbesondere in heterogenen Systemumgebungen halten wir den technischen Kontext jedoch für sehr wichtig.

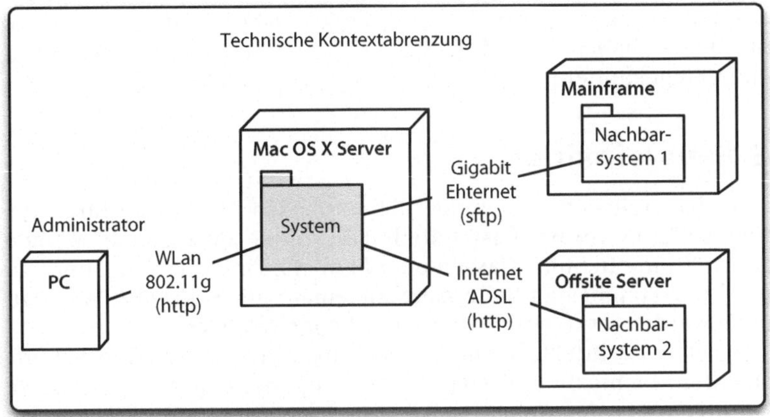

Jetzt müssen Sie noch die fachliche und technische Kontextabgrenzung miteinander in Beziehung setzen, indem Sie die fachlichen Schnittstellen den technischen Kanälen („Leitungen") zuordnen. Das geht mit einer Tabelle recht einfach – hier ein Beispiel:

Fachliche Schnittstelle	Technischer Kanal
Kundendaten	Gigabit Ethernet (sftp)
Reports	Internet ADSL (http)
Status	Wlan 802.11.g (http)
Aufrufe	Wlan 802.11.g (http)

4 Lösungsstrategie

Dieser Abschnitt motiviert übergreifend die zentralen Strategien, Grundlagen oder Gestaltungskriterien für Ihre Architektur. Beschränken Sie sich hier auf das Wesentliche. Details beschreiben Sie bei den Bausteinen in Kapitel 5, den Konzepten aus Kapitel 9 oder den Entscheidungen in Kapitel 10. Das Kapitel soll Ihren Lesern die gewählte

Strategie verdeutlichen. Fassen Sie auf wenigen Seiten die Beweggründe für zentrale Entwurfsentscheidungen zusammen. Motivieren Sie – ausgehend von der Aufgabenstellung, den Qualitätszielen und den Randbedingungen –, was Sie entschieden haben und warum Sie so entschieden haben. Verweisen Sie – wo nötig – auf weitere Ausführungen in Folgekapiteln.

5 Bausteinsicht

In der Bausteinsicht zeigen Sie die statischen Strukturen Ihres Systems, seine (Software-)Bestandteile (Teil- oder Subsysteme, Module, Pakete, Komponenten, Klassen oder ähnliche Einheiten). Wir bezeichnen die Systembestandteile ganz allgemein als *Bausteine*. Alle Bausteine werden letztendlich durch Quellcode realisiert.

Typische Architekturelemente der Bausteinsicht sind Subsysteme, Schichten, fachliche und technische Komponenten. Als typische Beziehungen der Bausteinsicht können Sie Aggregation, Delegation, Realisierung und Vererbung nutzen.

Die Bausteinsicht ist die wichtigste Architektursicht, die intensiv das Prinzip der Top-down-Verfeinerung sowie die Differenzierung zwischen Black- und Whiteboxes ausnutzt. Sie entsteht aus der Kreativität und der Erfahrung der verantwortlichen Architekten, die entscheiden, wie das System aus Einzelteilen gestaltet und realisiert werden soll.

Tipps:

- Betrachten Sie die Bausteinsicht als zentralen „Bauplan" Ihrer Systeme.
- Vor und während der Systementwicklung geben Sie in der Bausteinsicht vor, welche Bausteine zu entwickeln oder zu kaufen sind. Sie ermöglichen damit eine systematische Konstruktion und Erstellung des Systems und unterstützen die Projektleitung in der Aufgabenplanung.
- Nach der Systementwicklung zeigt die Bausteinsicht ein genaues, aber abstrahiertes Bild sämtlicher Softwarebestandteile.
- Aktualisieren Sie die Bausteinsicht im Zuge der Systementwicklung, insbesondere während der Implementierung.

Organisieren Sie die Bausteinsicht anhand von Verfeinerungsebenen, wobei die Kontextabgrenzung (siehe Abschnitt 3) die oberste Ebene 0 (Null) darstellt. In diesen Verfeinerungsebenen wechseln Black- und

Whitebox-Darstellungen einander ab. Dies haben Sie bereits im Kapitel „Grundlagen, die Sie kennen sollten" (insbesondere Abbildung S. 28) kennengelernt. In den folgenden Abschnitten zeigen wir Ihnen, wie Sie Black- beziehungsweise Whiteboxes mit Hilfe von Templates einfach und elegant beschreiben können.

Bilden Sie in der Bausteinsicht diese hierarchische Struktur auf die lineare Gliederungsstruktur Ihrer Dokumentation wie folgt ab:

- Level 1 der Bausteinsicht steht in arc42-Abschnitt 5.1 der Architekturdokumentation, wobei jede Blackbox dieser Verfeinerungsebene einen eigenen Abschnitt (arc42-Abschnitt 5.1.1 bis arc42-Abschnitt 5.1.n) erhält.

- Level 2 der Bausteinsicht folgt in Abschnitt arc42-Abschnitt 5.2. Im Beispiel der unten gezeigten Abbildung wird die Komponente „A" in arc42-Abschnitt 5.2.1 verfeinert, die Komponente „B" in arc42-Abschnitt 5.2.2.

- Für Level 3 der Bausteinsicht ist die nächste Hauptüberschrift arc42-Abschnitt 5.3 vorgesehen, u. s. w.

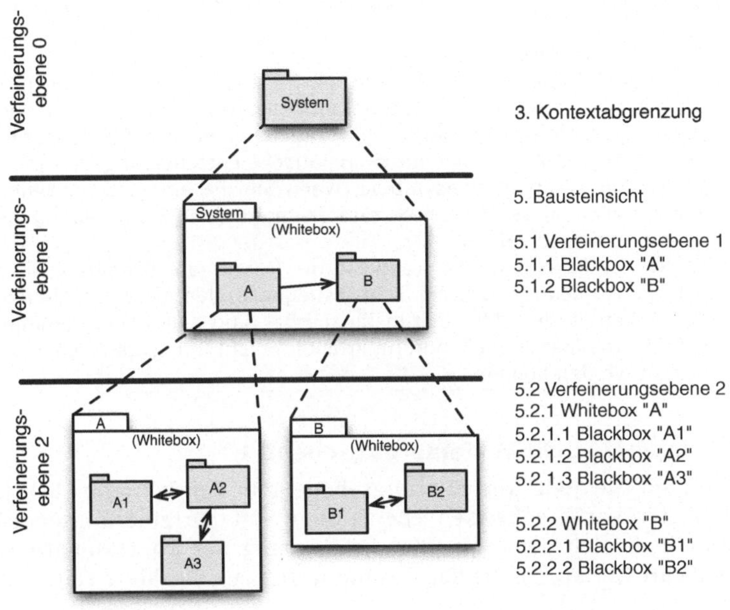

Bei Bedarf können Sie von dieser strikt baumartigen Verfeinerungshierarchie abweichen und mehrere Bausteine einer Ebene gemeinsam verfeinern. Das finden Sie im Kapitel „Ausreden, Einwände und passende Antworten" auf S. 101 ausführlich erläutert.

Die Menge an Detailinformationen steigt an, je weiter Sie in der Dokumentation nach hinten fortschreiten. Jede Verfeinerung bedeutet dabei eine Präzisierung, bei der Sie das Innenleben einer Blackbox definieren oder offenlegen. Gibt es auf der oberen Ebene für eine Blackbox neben der Beschreibung der Funktionalität lediglich die ein- und ausgehenden Schnittstellen, so legen Sie in der Verfeinerung („Präzisierung") fest, welche Struktur von Bausteinen diese Blackbox implementieren.

Es kann dabei durchaus vorkommen, dass Sie asymmetrisch verfeinern, d. h. manche Zweige innerhalb der Verfeinerung detaillierter ausprägen als andere.

Verwenden Sie für Diagramme der Bausteinsicht statische UML-Diagramme mit Paket-, Komponenten- und Klassensymbolen sowie den üblichen Beziehungen. Mehr Details finden Sie in [Rupp+05].

Paket oder Komponente?

Eine ganz praktische Frage an dieser Stelle betrifft die Wahl eines geeigneten Gruppierungskonstruktes für Blackboxes: Sowohl Paket- wie auch Komponentensymbole bieten sich hierfür an – unterscheiden sich allerdings in ihrer Bedeutung. Wir schlagen folgende pragmatische Entscheidungshilfe vor:

- Wählen Sie Komponentensymbole, wenn Sie die ein- und ausgehenden Schnittstellen dieser Blackbox zum Zeitpunkt der Beschreibung genau kennen und beschreiben.
- Wählen Sie Paketsymbole, wenn Sie die Details der Schnittstellen noch nicht genau kennen oder sie nicht festlegen wollen. Beachten Sie jedoch, dass Pakete in der UML nicht instanziierbar sind – und somit (zumindest in Tools, die metamodellkonform arbeiten) nicht in Laufzeitszenarien verwendet werden können.

5.1 Bausteinsicht Verfeinerungsebene 1

Beginnen Sie jede Verfeinerungsebene mit der Whitebox-Beschreibung der vorhergehenden Ebene. Hier, auf Verfeinerungsebene 1, handelt es sich dabei um die Verfeinerung der Kontextabgrenzung (siehe arc42-Kap. 3), die das Gesamtsystem als Blackbox zeigt.

Tipp: Verwenden Sie feste Gliederungsstrukturen (Templates)

Bereits im Kapitel „Grundlagen, die Sie kennen sollten" haben wir Sie darauf hingewiesen, dass Sie mit standardisierten, festen Gliederungsstrukturen einen hohen Wiedererkennungseffekt erzielen. Das hilft Ihren Lesern und dient gleichzeitig als Checkliste während Ihrer eigenen Arbeit. Nutzen Sie das Whitebox-Template daher als Kopiervorlage an allen Stellen, an denen Sie Whiteboxes verwenden, also innere Strukturen von Bausteinen zeigen.

Jetzt fehlt zum Verständnis dieser Verfeinerungsebene (genauer: dieser Whitebox) noch die Beschreibung der darin enthaltenen Blackbox-Bausteine, speziell ihrer Verantwortlichkeiten und Schnittstellen. Diese Beschreibungen stehen in den nachfolgenden Abschnitten Ihrer Architekturdokumentation. Dabei sind die Blackbox-Beschreibungen in der Beschreibung ihrer *umschließenden* Whitebox enthalten. Diesen Zusammenhang finden Sie in folgender Abbildung verdeutlicht.

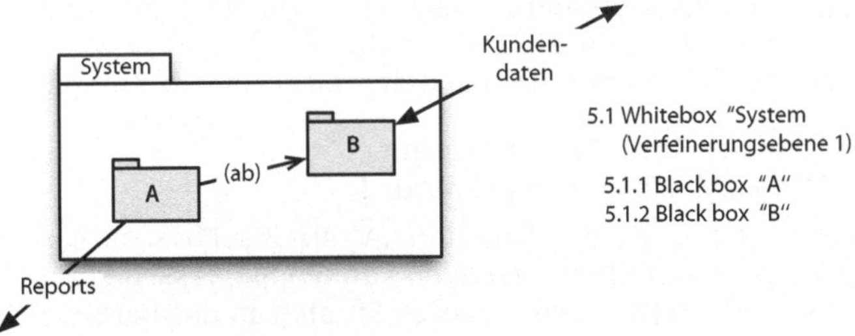

Für das gezeigte Beispiel bedeutet dies:

- Der lokale Baustein „A" wird als Blackbox in arc42-Abschnitt 5.1.1 beschrieben. Seine Verfeinerung als Whitebox folgt dann, mit weiteren Details, in arc42-Abschnitt 5.2.1.
- Der lokale Baustein „B" wird als Blackbox in arc42-Abschnitt 5.1.2 beschrieben. Seine Verfeinerung folgt dann, Sie haben es sicher vermutet, in arc42-Abschnitt 5.2.2.

5.1.1 Blackbox-Beschreibung <Baustein 1>

5.1.2 Blackbox-Beschreibung <Baustein 2>

5.1.3 Blackbox-Beschreibung <Baustein 3>

Diese Abschnitte enthalten die Blackbox-Beschreibung der Bausteine von Verfeinerungsebene 1. In unserem kleinen Beispiel sind dies die Bausteine „A" und „B". Nutzen Sie für diese Beschreibungen jeweils das Blackbox-Template, das wir Ihnen im Kapitel „Grundlagen, die Sie kennen sollten" vorgestellt haben.

5.2 Bausteinsicht, Verfeinerungsebene 2

Im vorigen Abschnitt haben wir alle Blackboxes der Verfeinerungsebene 1 mit Hilfe des Blackbox-Templates dokumentiert. Der aktuelle Abschnitt 5.2 zeigt nun die nächste Detaillierungsebene (Verfeinerungsebene 2), jeweils als Whitebox. In unserem Beispiel benötigen wir dazu zwei Unterkapitel:

- Baustein „A" aus Verfeinerungsebene 1 wird als Whitebox in arc42-Abschnitt 5.2.1 detailliert dargestellt.
- Baustein „B" aus Verfeinerungsebene 1 wird als Whitebox in arc42-Abschnitt 5.2.2 detailliert dargestellt.

Benennen Sie die Unterkapitel nach der dargestellten Komponente.

5.2.1 Whiteboxsicht des Bausteins „A" aus Verfeinerungsebene 1

In obigem Beispiel ist der Baustein „A" als Blackbox enthalten. Auf dieser nächsten Verfeinerungsebene können Sie dessen innere Struktur als Whitebox zeigen. Dabei halten Sie sich an das bereits skizzierte Beschreibungsschema: Zuerst die Whitebox mit allen enthaltenen Blackbox-Bausteinen (in unserem Fall drei Stück). Darauf folgen die Detailinformationen zu den drei einzelnen Blackboxes in Unterkapiteln.

Bei einer Whitebox steht das Übersichtsdiagramm am Anfang:

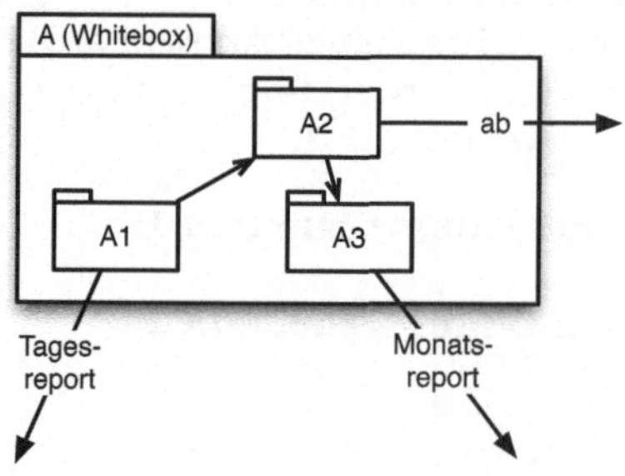

Als nächstes folgt eine Liste der Bestandteile von A, also der Bausteine und deren gegenseitige Beziehungen. In dieser Liste genügen kurze Bezeichnungen, weil die Elemente später noch verfeinert beschrieben werden. Denken Sie auch an die Außenschnittstellen der Whitebox.

Lokale Bausteine von A:

- A1: <kurze Beschreibung>
- A2: <kurze Beschreibung>
- A3: <kurze Beschreibung>

Schnittstellen/Beziehungen von A:

- A1–A2: <Name oder kurze Beschreibung, Querverweis>
- A2–A3: <Name oder kurze Beschreibung, Querverweis>

Externe Schnittstellen von A:

- Tagesreport
- natsreport
- ab (ehrlich gesagt ein schlechtes Beispiel für einen Schnittstellen-namen; aber auch wir sind nur Menschen)

Die beiden ersten Schnittstellen zusammen bilden die externe Schnitt-stelle „Reports", die in der Kontextabgrenzung sowie in der Verfeine-rungsebene 1 der Bausteinsicht auftaucht.

In jedem Fall sollten Sie die externe Schnittstellen Ihres Systems detailliert darstellen. Weitere Erläuterungen dazu finden Sie im Kapi-tel „Ausreden, Einwände und passende Antworten" auf S. 101ff. Dort finden Sie auch ein Template für Schnittstellenbeschreibungen.

5.2.1.1 Blackbox-Beschreibung des Bausteins „A1", Verfeinerungsebene 2

Hier beschreiben Sie die Blackbox A1 mit Hilfe des Blackbox-Templates.

5.2.1.2 Blackbox-Beschreibung des Bausteins „A2", Verfeinerungsebene 2

Jetzt wissen Sie, wie es weitergeht: Für alle Bausteine Ihres Systems finden Sie nach diesem hierarchischen Schema einen Platz für deren Beschreibung. Mit Hilfe der Black- und Whitebox-Templates erhalten Sie eine standardisierte und verständliche Struktur.

5.2.2 Whiteboxsicht des Bausteins „B" aus Verfeinerungsebene 1

Hier, in Abschnitt 5.2.2, kehren Sie in Verfeinerungsebene 1 zurück und beschreiben den zweiten Baustein („B"). Analog zu Abschnitt 5.2.1 verwenden Sie White- und Blackbox-Beschreibungen im Wechsel.

6 Laufzeitsicht

Die Laufzeitsicht beschreibt, wie Instanzen der Bausteine („Laufzeitkomponenten") zur Laufzeit zusammenarbeiten. Entgegen der Bausteinsicht können Sie solche dynamischen Zusammenhänge nicht mehr eindeutig oder vollständig darstellen, weil es nahezu beliebig viele verschiedene Ausprägungen dieser Zusammenarbeit geben kann. Ein Beispiel dafür zeigt die folgende Abbildung. Dort sehen Sie in einer Bausteinsicht zwei Bausteine in einer statischen Abhängigkeit zueinander, und in fünf Szenarien unterschiedliche Kombinationen von Instanzen und dynamischem Verhalten.

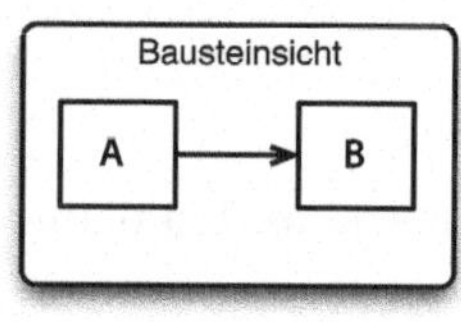

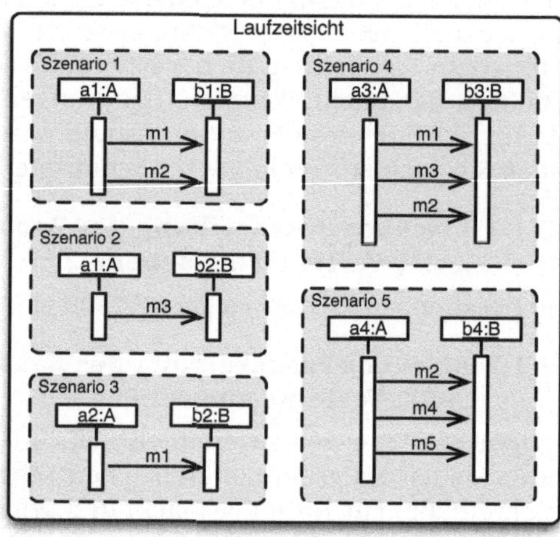

Diese Szenarien beschreiben konkrete, exemplarische Abläufe. Wählen Sie aus der Vielzahl möglicher Szenarien die wichtigsten aus. Nach unserer Erfahrung unterstützen die folgenden Typen von Szenarien das Verständnis wesentlicher Systemzusammenhänge:

- Wie bearbeitet das System die wichtigsten fachlichen und technischen Anwendungsfälle (unterschieden nach Erfolgs- und Ausnahmefällen)? Hierbei konzentrieren Sie sich auf die wirklich wichtigen – meistens genügen zwei bis drei, um die Wirkungsweise des Systems zur Laufzeit dadurch verständlich zu machen.
- Wie arbeiten Laufzeitkomponenten mit der Umwelt (insbesondere den Nachbarsystemen) zusammen? Mit welchen Protokollen werden die externen Schnittstellen bedient?
- Wie wird das System gestartet („bootstrapped")?
- Wie werden Ausnahme- und Fehlersituationen behandelt?
- Welche Anwendungsfälle unterliegen einer Transaktionskontrolle, und wie werden übergreifende Transaktionen umgesetzt?

Es gibt für die meisten Systeme eine große Zahl möglicher Szenarien. Denken Sie an den Pflegeaufwand der Dokumentation und beschränken Sie sich bei der Szenarioauswahl auf die wirklich architekturrelevanten Szenarien! Führen Sie die ausgewählten Szenarien vor, z. B. in Form einer Tabelle.

Szenario	Zweck und Kurzbeschreibung

Bausteine und Laufzeitkomponenten

In der Bausteinsicht definieren Sie die Bausteine des Systems, die schlussendlich (wenn wir nur tief genug in Details eintauchen) durch Quellcode implementiert werden. Dabei gibt es jeden Baustein nur ein einziges Mal. Das ist die statische Sicht auf Ihr System. Zur Laufzeit kann es von einem solchen Baustein jedoch mehrere, voneinander unabhängige Ausprägungen (Instanzen) geben. Sie sollten als Architekt entscheiden, ob und in welchem Umfang Sie begrifflich zwischen Baustein und Laufzeitkomponente differenzieren. In Szenarien, beispielsweise Sequenzdiagrammen, können Sie sehr feingranular einzelne Instanzen benennen, alternativ jedoch auch für „Typen von Instanzen" gültige Abläufe darstellen.

Jedes Szenario sollten Sie mit einem Diagramm und zugehörigen Erläuterungen dokumentieren. Für die Szenarien verwenden Sie dynamische UML-Diagrammarten (z. B. Sequenz-, Kommunikations- oder Objektdiagramme). Aktivitätsdiagramme sind nur dann geeignet, wenn sie die Interaktion von Laufzeitkomponenten mit Hilfe von Swimlanes darstellen.

Manchmal genügen auch Text- oder Codebeschreibungen, um das Zusammenspiel von Laufzeitkomponenten zu beschreiben, beispielsweise, wenn

- es sich um einfache Handlungsabfolgen handelt,
- für die einzelnen Interaktionen ausführliche Erläuterungen notwendig sind, die grafisch nicht darstellbar sind,
- Ausnahmesituationen zu einem grafisch beschriebenen Normalfall beschrieben werden,
- der Quellcode für ein Szenario einfacher zu verstehen ist als dynamische Diagramme.

Tipp: Stellen Sie Laufzeitszenarien auf verschiedenen Verfeinerungsebenen dar, analog zu den Bausteinsichten:

- High-Level-Szenarien verdeutlichen das Zusammenwirken der Bausteine der oberen Verfeinerungsebenen, beispielsweise auf der Ebene fachlicher Anwendungsfälle. Verwenden Sie in solchen High-Level-Szenarien „große" Bausteine aus den oberen Verfeinerungsebenen der Bausteinsicht.
- Detaillierte Szenarien zeigen das Zusammenspiel im Kleinen. Verwende n Sie für diese Darstellungen eine Auswahl „kleiner" Bausteine aus der Bausteinsicht.

In der UML-2 sind Sequenzdiagramme durch Referenzen hierarchisierbar. Somit können Sie unterschiedliche Verfeinerungs- oder Abstraktionsebenen synchron mit Baustein- und Laufzeitsicht beschreiben.

6.1 Laufzeitszenario 1

Dokumentieren Sie Laufzeitszenarien mit Diagramm und zugehörigen Erläuterungen. Ein Beispiel:

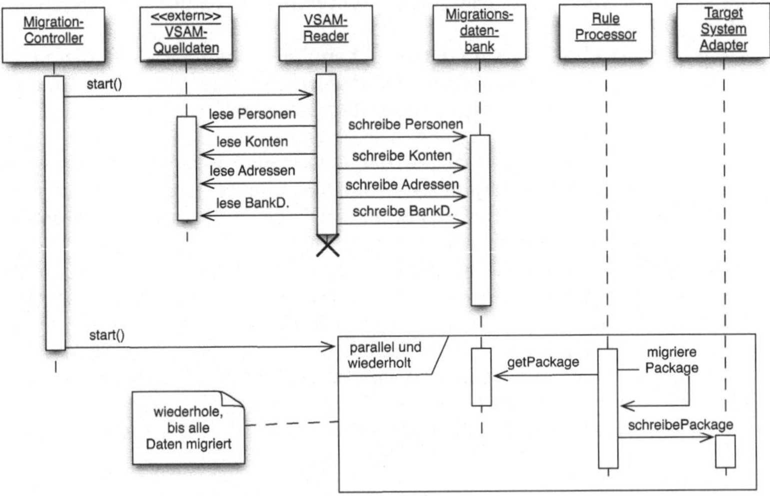

Das Beispiel zeigt den Ablauf einer Datenmigration. Sämtliche hier
verwendeten Bausteine müssen in der Bausteinsicht vorhanden sein.
Es spielt für die Laufzeitszenarien keine Rolle, aus welcher Verfeinerungsebene der Bausteinsicht Sie die jeweils dargestellten Laufzeitkomponenten verwenden. Wichtig ist, dass die Schnittstellen, die Sie
innerhalb des Szenarios verwenden, auch in der Bausteinsicht vorhanden sind.

6.2 Laufzeitszenario 2

Innerhalb des arc42-Kap. 6 Laufzeitsicht können Sie Szenarien in
einer für Sie geeigneten Reihenfolge aufführen. Zusammengehörige
oder voneinander abgeleitete Szenarien sollten Sie dabei in gleichen
Unterkapitel (Gliederungsebene 2, so wie dieser Abschnitt) anordnen.

Einige Tipps für Laufzeitszenarien

- Die Dokumentation des dynamischen Verhaltens ist in den meisten Fällen
  sehr aufwändig. Wählen Sie Szenarien daher sehr sparsam aus, beschränken Sie sich auf die wirklich wesentlichen Abläufe.
- Beginnen Sie bei den „großen" Zusammenhängen, beispielsweise auf der
  Abstraktionsebene der oberen Ebenen der Bausteinsicht. Bei Bedarf kön-

nen Sie dann verfeinern. Diese Top-down-Vorgehensweise spart Ihnen eine Menge Arbeit.

- Wo wir schon über Sparsamkeit sprechen: Versuchen Sie, dynamische Zusammenhänge im ersten Schritt als Text zu formulieren (weiter oben haben wir das bereits angesprochen). Text schreiben Sie schneller, als Sie Modelle oder Diagramme zeichnen.

- Wir haben Fälle erlebt, in denen der Quellcode einzelner Bausteine bestimmte Abläufe sehr elegant verdeutlichen konnte. In solchen Fällen haben Sie es leicht: Verweisen Sie auf diesen Code – oder stellen Sie Auszüge davon in der Architekturdokumentation dar.

- Nehmen Sie in jedem Fall all solche Szenarien in die Dokumentation auf, die überraschende Elemente enthalten: Ungewöhnliche Abläufe, komplexe Navigationen durch Objektnetze, Auswirkungen besonderer oder historischer Entwurfsentscheidungen. Stellen Sie sicher, dass Ihre Stakeholder diese ungewöhnlichen Szenarien verstehen können. Stellen Sie auch sicher, dass solche ungewöhnlichen Dinge im Kapitel über Entwurfsentscheidungen (arc42-Kap. 10) aufgenommen sind.

7 Verteilungssicht

Die Verteilungssicht beschreibt die verschiedenen Ausführungsumgebungen für das System mit den jeweils darin ablaufenden Bausteinen. Hierzu gehören Knoten (Prozessoren, Rechner, Speicher), auf denen die Softwarebestandteile des Systems ausgeführt oder Daten gespeichert werden, sowie die Kanäle, über die zwischen den Knoten Daten übertragen werden.

Gliedern Sie das gesamte arc42-Kapitel „Verteilungssicht" nach Verteilungsvarianten oder Umgebungen. Innerhalb dieser Umgebungen müssen Sie dann die jeweiligen Knoten, Verteilungsartefakte und Kanäle beschreiben.

7.1 Verteilungsvariante oder Umgebung 1

Beispiele für unterschiedliche Umgebungen sind Entwicklungsumgebung, Testumgebung, Produktionsumgebung. Umgebungen können sich sowohl durch dort vorhandene Hard- und Software unterscheiden, als auch durch die Zuordnung von Systembausteinen auf die Hardware.

7.1.1 Übersicht Umgebung 1

Verwenden Sie UML-Deployment-Diagramme zur Darstellung einer Verteilungssicht. Darin bezeichnen Knotensymbole die Ausführungsumgebungen. Das sind physische Rechner („Blech"), auf denen Verteilungsartefakte ablaufen. Diese Verteilungsartefakte stellen Sie als Paket-, Komponenten-, Klassen- und Artefaktsymbole dar.

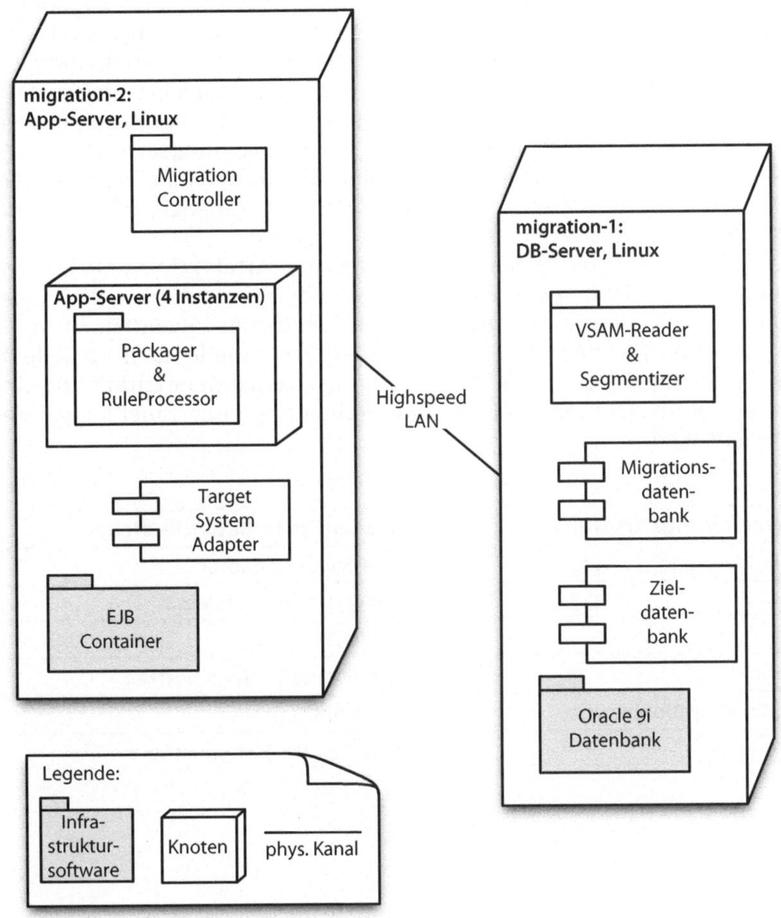

Beschreiben Sie in der Verteilungssicht jedes Installations- oder Verteilungsartefakt. Im einfachsten Fall referenzieren Sie auf die entsprechenden Teile der Bausteinsicht (siehe arc42-Kap. 5).

7.1.2 Verteilungsartefakte

Sie können die Bausteine Ihres Systems beliebig zu Verteilungs- oder Deployment-Artefakten zusammenstellen. Diese Zusammenstellungen können für verschiedene Umgebungen unterschiedlich ausfallen. Dann müssen Sie die von Ihnen definierte Paketierung beschreiben. Beispiele solch aggregierter Verteilungsartefakte sind Archivdateien (wie etwa war- oder ear-Dateien), die eine Menge von Softwarebausteinen enthalten können. Ein Beispiel hierfür sehen Sie in der folgenden Abbildung. In diesem Beispiel besteht das Verteilungsartefakt „FullMigrationServer" aus vier Bestandteilen, die ihrerseits jeweils in der Bausteinsicht beschrieben sind. Der „MiniMigrationServer" hingegen besteht aus nur zwei Bestandteilen.

Falls Sie mehrere Varianten von Verteilungsartefakten vorsehen, so müssen Sie diese spezifizieren. Verwenden Sie dazu eine grafische Übersicht wie die Abbildung oder eine Tabelle der folgenden Form.

Bei Bedarf können Sie in einer ähnlichen Tabelle auch zu jedem Baustein angeben, in welchen Verteilungsartefakten er enthalten sein soll – Sie müssen dazu einfach die Reihenfolge der Tabellenspalten vertauschen.

Verteilungsartefakt	Baustein (aus Bausteinsicht)
FullMigrationServer	TargetSystemAdapter
	Packager & RuleProcessor
	MigrationController
	VSAM-Reader & Segmentizer
MiniMigrationServer	MigrationController
	VSAM-Reader & Segmentizer

Tipp zur Dokumentation von Verteilungsartefakten:
Verteilungsartefakte entstehen im Build- oder Compileprozess – von daher
können Sie bei der Dokumentation auch auf diese Prozesse verweisen oder
sie einfach „zitieren". Manchmal ist ein Auszug aus einem wohlstrukturierten
make-, ant- oder maven-Buildfile präziser und kompakter als andere Beschrei-
bungsformen.
Denken Sie dabei jedoch an Ihre Leser – diese sollen Ihre Dokumentation
schließlich verstehen, ohne erst einen Sprachkurs in make-, ant- oder maven-
Syntax zu absolvieren.

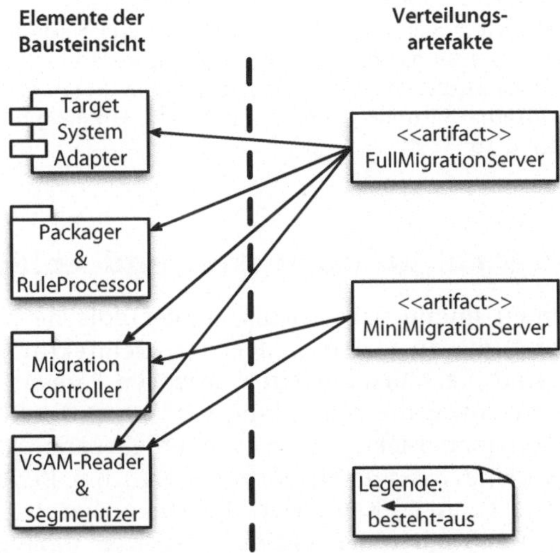

7.1.3 Spezifikation der Knoten

Verwenden Sie für jeden Knoten, der in der Verteilungssicht auf-
tritt, das im Kapitel „Grundlagen, die Sie kennen sollten" auf S. 41f
vorgestellte Knoten-Template, um zu motivieren, wie Sie zu der
Entscheidung gekommen sind und welche Rolle der Knoten in der
Gesamtarchitektur spielt. Nummerieren Sie die einzelnen Knoten in
diesem arc42-Abschnitt einfach durch, beginnend mit 7.1.3.1.

7.1.4 Spezifikation der Kanäle

Dokumentieren Sie ebenfalls die Kanäle zwischen den Knoten und/ oder Verteilungsartefakten. Wenn Sie Industriestandards verwenden (Ethernet, WLAN 802.11 g, CANBUS,...), genügt oftmals der Verweis auf den Standard. Sollten Sie eigene Bussysteme und Kanäle entwickeln, so gehört in diesen Abschnitt die Spezifikation der jeweiligen Leitung (oder aber ein Verweis auf ein Spezifikationsdokument).

Einige Tipps für Verteilungssichten

- Beschreiben Sie Entwicklungs-, Test- und Produktionsumgebungen sowie deren mögliche Varianten jeweils in eigenen Abschnitten.
- Beschreiben Sie unterschiedliche Detaillierungen oder Verteilungsvarianten in mehreren Verteilungssichten (d. h. Abschnitten dieses Kapitels).
- Die UML erlaubt es, Knoten ineinander zu schachteln. In der Praxis kommt das beispielsweise bei Virtualisierung zum Einsatz. Ein Beispiel dafür enthält die Abbildung auf S. 71.

8 Typische Strukturen, Muster und Abläufe

In realen Systemen finden wir oftmals einige typische Strukturen oder Grundmuster, die an vielen Stellen der Architektur auftreten. Beispiele dafür sind die Abhängigkeiten zwischen Persistenzschicht und Domain-Layer sowie die Anbindung grafischer Oberflächen an die Fach- oder Domänenobjekte. Solche wiederkehrenden Strukturen beschreiben Sie möglichst nur ein einziges Mal, um Redundanzen zu vermeiden. Dieses arc42-Kapitel erfüllt genau diesen Zweck. Im ersten Teil (8.1) beschreiben Sie typische statische Abhängigkeiten, im zweiten Teil (8.2) Beispiele für typisches dynamisches Zusammenspiel.

Verwenden Sie die Templates und Verfeinerungsprinzipien analog zu den Erläuterungen der arc42-Abschnitte 5.1 ff.

8.1 Typische statische Strukturen

Ein Beispiel für typische Strukturen betrifft die Verbindung fachlicher Bestandteile mit der (grafischen) Benutzeroberfläche nach dem *Model-View-Controller-* (MVC-) Muster (siehe [Buschmann+96] und [Fowler 03]).

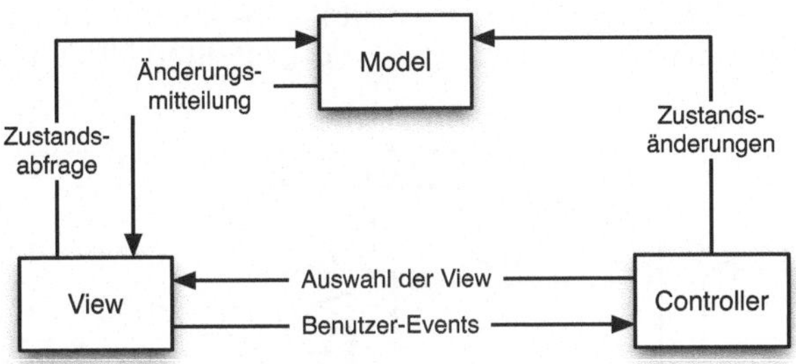

Die Aufgaben dieser Bausteine lauten wie folgt:

- Modell-Bausteine kapseln die Fachlichkeit des Systems. Sie stellen die fachlichen Funktionen bereit und verwalten den (fachlichen) Zustand des Systems.
- View-Bausteine stellen den Inhalt von Modell-Bausteinen an der Benutzungsoberfläche dar. Sie stellen die Konsistenz zwischen angezeigten Daten und dem aktuellen Modell sicher.
- Controller-Bausteine übersetzen Benutzeraktionen in Methoden- oder Funktionsaufrufe der zugrunde liegenden Modell-Bausteine.Mehr dazu unter [Sun-MVC].

Tipps:

- Nutzen Sie die „typischen Strukturen" für die Verbindung von Domänenobjekten mit der Infrastruktur. In vielen Systemen müssen Domänenobjekte (die fachlichen „Dinge" des Systems) an einer Benutzungsoberfläche angezeigt und in Datenbanken gespeichert werden. Das geschieht in der Regel für alle Domänenklassen nach identischem Strickmuster. Genau solche Muster sollten Sie hier dokumentieren. Etwas mehr zu Mustern und typischen Strukturen finden Sie auch im Kapitel „Ausreden, Einwände und passende Antworten", bei der Frage „Wie entwerfe ich die Bausteinsicht" (siehe S. 94).
- Erläutern Sie „typische Strukturen" durch Laufzeitszenarien der (nachfolgend erklärten) Laufzeitsicht (siehe arc42-Kap. 6).

8.2 Typische Abläufe

Analog zum vorigen Abschnitt können Sie hier typische Interaktionen zwischen Bausteinen zeigen.

Als Beispiel zeigen wir Ihnen nachfolgend einen typischen Ablauf innerhalb des schon in Abschnitt 8.1 vorgestellten MVC-Musters.

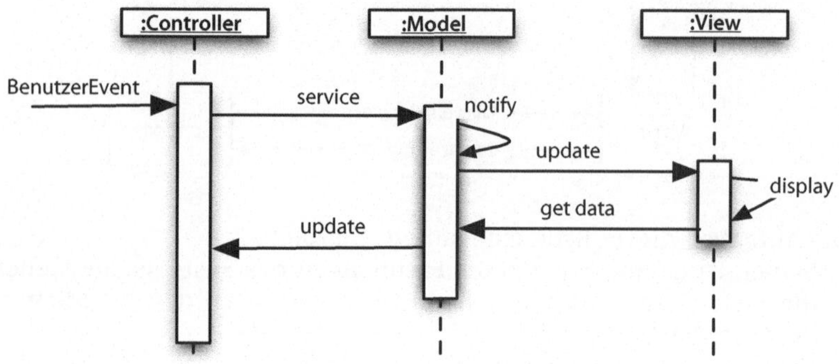

9 Technische Konzepte

Zu technischen Konzepten gehören übergreifende oder querschnittliche Themen, die meistens mehrere Bausteine des Systems betreffen. Solche Konzepte prägen die Bausteinstrukturen oder deren Implementierung nachhaltig. Sie stellen oftmals zentrale technische Entscheidungen dar, deren Verständnis für viele Projektbeteiligte langfristig große Bedeutung besitzt. Erklären Sie hier, warum Sie welche Lösungswege eingeschlagen haben und welche Gründe gegen mögliche Alternativen sprachen. Konzipieren Sie diese übergreifenden Fragestellungen möglichst frühzeitig innerhalb der Entwicklung. Validieren oder testen Sie Ihre Lösungsansätze durch Prototypen oder Beispielimplementierungen!

Technische Konzepte dürfen sehr technisch sein – sie dürfen (oder sollten sogar) Quellcode oder Beispielprogramme enthalten. Falls Sie bekannte oder etablierte Lösungsansätze verwenden, dann verweisen Sie auf (dem Projektteam zugängliche) Quellen, statt Teile von Fachliteratur zu kopieren.

Form und Umfang dieser Konzepte hängen von Ihrem System, Ihren Projektbeteiligten und auch von Ihren Ideen zu den Themen ab. Denken Sie daran, dass Sie auch bei Konzepten auf vorhandene Literatur oder etablierte Muster verweisen können, um Ihre Dokumentation abzurunden oder zu verbessern.

Anmerkung:

Wir haben mit vielen unserer Kunden lange über die Themenauswahl für dieses Kapitel diskutiert und in eigenen Architekturen sehr unterschiedliche Schwerpunkte gesetzt. Die folgende Auswahl soll Ihnen als Anhaltspunkt oder Checkliste dienen. Wir möchten hier keinesfalls einen Anspruch auf Vollständigkeit erheben – für Ihre Systeme oder Projekte können Sie durchaus weitere oder andere technische Konzepte benötigen. (Falls Sie weitere Konzepte für Ihre Architekturen für sinnvoll erachten, schicken Sie uns eine kurze E-Mail. Wir pflegen im Web diese Konzeptliste ständig weiter.)

Bezeichnung	Bedeutung
Persistenz	Wie erfolgt Datenspeicherung und -zugriff?
Benutzungsoberfläche	Wie wird die Benutzungsoberfläche entwickelt und in das Gesamtsystem eingebunden?
Ergonomie	Wie wird die Benutzungsoberfläche gestaltet und auf Benutzbarkeit und Verständlichkeit optimiert?
Ablauf-, Dialog- oder Workflowsteuerung	Wie werden fachliche und technische Abläufe innerhalb des Systems verwaltet, koordiniert und gesteuert?
Geschäftsregeln	Wie werden Geschäftsregeln abgebildet und implementiert?
Plausibilisierung und Validierung	Wo und wie wird die Gültigkeit von (Eingabe-) Daten geprüft?
Transaktionsbehandlung	Wie werden Funktionen oder Abläufe transaktionsgesichert?
Session- oder Zustandsbehandlung	Wie wird der Zustand von Arbeitssitzungen verwaltet?
Caching	Welche Daten werden wie, wo und warum kurzfristig in effizienten Speichermedien (Caches) gehalten?
Sicherheit	Wie werden Datensicherheit, Datenschutz und Datenintegrität sichergestellt sowie Datenmissbrauch verhindert?

Bezeichnung	Bedeutung
Kommunikation und Integration mit anderen IT-Systemen	Wie funktioniert die Kommunikation verschiedener Systemteile oder Systeme? Wie werden Systemteile oder Fremdsystemteile (technisch) integriert?
Verteilung	Wie arbeiten verteilte Systeme oder Systemteile zusammen?
Ausnahme-/Fehlerbehandlung	Wie werden Programmfehler und Ausnahmen behandelt?
Systemmanagement und Administrierbarkeit	Wie werden Systemzustände zur Laufzeit überwacht und gesteuert?
Logging und Tracing	Wie werden Systemzustände zur Laufzeit protokolliert – inklusive interner technischer Details der Verarbeitung?
Konfigurierbarkeit	Welche Parameter des Systems können auf welche Weise zur Installations-, Start- und Laufzeit beeinflusst werden?
Parallelisierung und Threading	Wie verwendet das System parallele Prozesse oder Threads?
Internationalisierung	Durch welche Mittel wird das System in unterschiedlichen Ländern oder Regionen einsetzbar?
Skalierung	Wie bereiten Sie das System auf Vergrößerung in den Dimensionen Benutzerzahlen, Datenmengen und Hardware vor?
Hochverfügbarkeit & Desaster-Recovery	Wie stellen sie die Verfügbarkeit (Ausfallsicherheit) des Systems im Betrieb sicher?
Migration	Wie erfolgt die Migration vorhandener Daten?
Testbarkeit	Wie können Tests des Systems erfolgen?
Codegenerierung	Welche Teile des Quellcodes werden generiert und aus welchen Artefakten?
Build-Management	Wie wird das System aus seinem Quellcode erzeugt?

Ein wichtiger Nebeneffekt der Trennung von Sichten und Konzepten ist die hohe Wiederverwendbarkeit der technischen Konzepte über Projektgrenzen hinweg.

Tipps zu technischen Konzepten:

- Suchen Sie aktiv bei anderen Systemen oder Projekten nach Möglichkeiten, deren Konzepte wiederzuverwenden.
- Für die Darstellung technischer Konzepte haben wir bewusst keine feste Gliederung vorgegeben. Sie müssen hier selbst entscheiden, welche Form sich für das jeweilige Konzept eignet (so werden Sie beispielsweise ein Ergonomie-Konzept mit vielen Grafiken und Oberflächen-Prototypen skizzieren, während Sie ein Persistenz- oder Loggingkonzept mit viel Quellcode erläutern werden ...).
- Technische Konzepte enthalten oft Technologie- oder Produktentscheidungen (z. B. „Wir setzen Hibernate 3.x als Persistenzframework ein"). Beschreiben Sie, welche Auswirkungen solche Entscheidungen auf andere Teile der Architektur haben. (z. B. „Hibernate liefert einen eigenen Caching-Mechanismus mit. Daher brauchen wir keinen eigenen Cache zu implementieren.").
- Falls Sie mehr als zwei bis fünf Seiten zur Darstellung eines Konzepts benötigen, erstellen Sie eigenständige Dokumente und übernehmen in die Architekturdokumentation lediglich einige Kernideen in Stichworten sowie den Verweis auf das ausführlichere Dokument.
- für Konzepte halten wir die Herleitung und Dokumentation der zugrunde liegenden Entwurfs- und Technologieentscheidungen für wesentlich. Skizzieren Sie (kurz!) die Gründe, die zu Ihren Entscheidungen geführt haben.

9.1 Persistenz

Persistenz (Dauerhaftigkeit, Beständigkeit) bedeutet, Daten aus dem (flüchtigen) Hauptspeicher auf ein beständiges Medium (und wieder zurück) zu bringen. Einige der Daten, die Ihr System bearbeitet, müssen dauerhaft auf einem Speichermedium gespeichert oder von solchen Medien gelesen werden. Hierzu verwenden Sie Datenbanken, Dateisysteme, Frameworks, Bibliotheken und/oder bestimmte Entwurfs- und Implementierungsmuster.

Persistenz ist ein technisch bedingtes Thema und trägt nichts zur eigentlichen Fachlichkeit eines Systems bei. Dennoch müssen Sie sich als Architekt mit dem Thema auseinandersetzen, denn ein erheblicher Teil aller Softwaresysteme benötigt einen effizienten Zugriff auf persistent gespeicherte Daten. Hierzu gehören praktisch sämtliche kommerziellen und viele technische Systeme. Eingebettete Systeme (embedded systems) gehorchen jedoch oft anderen Regeln hinsichtlich ihrer Datenverwaltung.

Zur Persistenz gehören auch Fragen wie Datenbanksperren (optimistisches oder pessimistisches Locking), Backup- und Archivierungsstrategien für gespeicherte Daten sowie möglicherweise die Frage nach Lebensdauer und Gültigkeit von Daten (Zeitbezug).

Siehe auch 9.7 (Transaktionsbehandlung), 9.9 (Caching) sowie [Fowler 03].

9.2 Benutzungsoberfläche

Interaktive Benutzer von Softwaresystemen sollen über grafische oder textuelle Benutzungsoberflächen Daten suchen, ansehen und bearbeiten können. Konzeptionell müssen Sie hier klären, wie

- Daten aus dem System zu dieser Oberfläche gelangen und
- Aktionen und Eingaben von Benutzern zurück ins System kommen.

Dazu gehören sowohl strukturelle Fragen (Stichworte: Model-View-Controller-Muster) wie auch technische (Welche Frameworks oder Bibliotheken setzen Sie zur Gestaltung, Entwicklung und Ausführung der Oberfläche ein?).

Siehe auch 9.3 (Ergonomie), 9.4 (Ablauf-, Dialog- oder Workflowsteuerung), 9.18 (Internationalisierung) sowie [Fowler 03].

9.3 Ergonomie

Ergonomie von IT-Systemen bedeutet die Verbesserung (Optimierung) ihrer Benutzbarkeit aufgrund objektiver und subjektiver Faktoren. Im Wesentlichen zählen zu ergonomischen Faktoren die Art und Gestaltung der Benutzungsoberfläche, deren Verständlichkeit, die Reaktivität (gefühlte Performance) sowie die Verfügbarkeit und Robustheit eines Systems. Klären Sie hier, mit welchen Methoden und Werkzeugen Sie diesbezügliche Anforderungen erfüllen können. Siehe auch 8.2 (Benutzungsoberfläche).

9.4 Ablauf-, Dialog- oder Workflowsteuerung

Ablauf- oder Dialogsteuerung von IT-Systemen bezieht sich sowohl auf die an der (grafischen) Oberfläche sichtbaren Abläufe als auch auf die Steuerung der Hintergrundaktivitäten. Zur Ablaufsteuerung gehören daher unter anderem die Steuerung der Benutzungsoberfläche und die Workflow-Steuerung.

Wie bereits im Abschnitt 9.2 (Benutzungsoberfläche) können hier Strukturen wie das Model-View-Controller-Muster als Vorbild oder Grundkonzept dienen.

Siehe auch 9.2 (Benutzungsoberfläche), 9.3 (Ergonomie) sowie [Fowler 03].

9.5 Geschäftsregeln

Wie behandeln Sie Geschäftslogik oder Geschäftsregeln? Implementieren die beteiligten Fachklassen ihre Logik selbst, oder liegt die Logik in der Verantwortung einer zentralen Komponente? Setzen Sie eine Regelmaschine (rule-engine) zur Interpretation von Geschäftsregeln ein (Produktionsregelsysteme, forward- oder backward-chaining)?

Sollen Geschäftsregeln zur Laufzeit des Systems änderbar sein? In welchen Sprachen oder Notationen sollen diese Regeln ausgedrückt werden? Wie können Sie die Geschäftsregeln testen oder debuggen?

Siehe auch 9.4 (Ablaufsteuerung).

9.6 Plausibilisierung und Validierung

Wo und wie plausibilisieren und validieren Sie (Eingabe-)Daten, etwa Benutzereingaben? Programmieren Sie solche Prüfungen, oder nutzen Sie konfigurierbare Bausteine dafür?

Siehe 9.2 (Benutzungsoberfläche), 9.4 (Ablaufsteuerung), 9.5 (Geschäftsregeln) und 9.13 (Ausnahme- und Fehlerbehandlung).

9.7 Transaktionsbehandlung

Transaktionen sind Arbeitsschritte oder Abläufe, die entweder alle gemeinsam oder gar nicht durchgeführt werden. Der Begriff stammt aus der Theorie der Datenbanksysteme – wichtiges Stichwort hier sind ACID-Transaktionen (atomic, consistent, isolated, durable). Die Grundlagen eines Transaktionskonzepts liegen bereits in den fachlichen Abläufen eines Systems begründet: Gibt es dort „fachliche" Transaktionen? Welche fachlichen Abläufe bedürfen technischer Transaktionalität? Mit welchen technischen Mitteln (etwa: Datenbanken, Middleware oder eigenen Bausteinen) implementieren Sie Transaktionen? Wie rollen Sie Transaktionen bei Bedarf wieder zurück (*rollback*)?

Bedenken Sie, dass Transaktionalität eine höhere Komplexität bei Implementierung und Betrieb nach sich zieht. Unter Umständen können Sie durch *Kompensation* (statt Transaktionalität) die gewünschten Effekte erzielen – mit möglicherweise weniger technischem Aufwand.

9.8 Session- oder Zustandsbehandlung

Eine Session, auch Sitzung genannt, bezeichnet eine stehende Verbindung eines Clients mit einem Server. Interaktive Systeme müssen den Zustand dieser Sitzung oftmals erhalten, was insbesondere bei der Nutzung zustandsloser Protokolle (etwa HTTP) technische Probleme mitsichbringt.

Allgemein müssen Sie für verteilte Systeme entscheiden, wie Sie die Zustände verschiedener Systembausteine miteinander synchronisieren, im Problemfall zwischenspeichern oder nach Unterbrechungen wiederherstellen.

Siehe auch 9.2 (Benutzungsoberfläche), 9.4 (Ablaufsteuerung).

9.9 Caching

Welche Daten werden wie, wo und warum kurzfristig in effizienten Speichermedien (Caches) gehalten? Konzipieren Sie Ein- und Auslagerungsstrategien, Gültigkeit oder Lebensdauer von Daten im Cache, kombinieren Sie Caching mit Persistenzmechanismen und klären Sie insbesondere, wie Sie im Kontext verteilter Systeme mit Caches auf unterschiedlichen Systemen umgehen.

Siehe 9.1 (Persistenz), 9.11 (Kommunikation und Integration) sowie 9.12 (Verteilung).

9.10 Sicherheit

Die Sicherheit von IT-Systemen befasst sich mit Mechanismen zur Gewährleistung von Datensicherheit, Datenschutz und Datenintegrität sowie Verhinderung von Datenmissbrauch. Typische Fragestellungen dabei sind:

- Wie können Daten auf dem Transport (beispielsweise über offene Netze wie das Internet) vor Missbrauch geschützt werden?
- Wie können Daten innerhalb von Systemen gegen unbefugten Zugriff gesichert werden?
- Wie können Kommunikationspartner sich gegenseitig vertrauen?
- Wie können sich Kommunikationspartner eindeutig erkennen und vor falschen Kommunikationspartnern schützen?
- Wie können Kommunikationspartner die Herkunft oder Echtheit von Daten bestätigen oder prüfen?

- Wie verwaltet und prüft das System Benutzer und ihre Rechte?
- Gibt es für Benutzer unterschiedliche Rollen und Gruppen?
- Integrieren Sie die Benutzerverwaltung des Systems mit derjenigen Ihres Betriebssystems, oder einem verteilten Verzeichnisdienst?

Das Thema IT-Sicherheit hat häufig Berührung zu juristischen Aspekten, teilweise sogar zu internationalem Recht.

Hierzu gehören auch einige betriebliche und administrative Fragen, beispielsweise nach Backup- und Sicherungskonzepten. Solche Fragen können die Architektur von Systemen durchaus beeinflussen, wenn beispielsweise spezielle Bausteine für die Bereitstellung der zu sichernden Daten konzipiert und entwickelt werden müssen.

9.11 Kommunikation und Integration

Wie können Systemteile oder unterschiedliche IT-Systeme miteinander kooperieren, indem sie über Schnittstellen miteinander Daten austauschen oder gegenseitig Dienste aufrufen? Welche Einflüsse haben dabei technische Infrastrukturen und Topologien, Prozess- oder Adressräume, Betriebssysteme oder eingesetzte Programmiersprachen? Hier stellen sich Fragen wie synchron oder asynchron, lokale oder entfernte Kommunikation, pull- oder push-Modelle, service-, dokumenten-, nachrichten- oder prozedurbasierte Integration oder Integrationswerkzeuge aus dem EAI- oder SOA-Umfeld?

Sie konzipieren hier neben Schnittstellen und deren technischen Ausprägungen und Protokollen auch Aspekte der Infrastruktur und des Systembetriebs.

Siehe auch 9.12 (Verteilung).

9.12 Verteilung

Verteilung bedeutet hier, Teile von Systemen auf unterschiedlichen und eventuell physisch oder geografisch getrennten Rechnersystemen zu betreiben.

Zur Verteilung gehören Dinge wie der Aufruf entfernter Methoden (remote procedure call, RPC), die Übertragung von Daten oder Dokumenten an verteilte Kommunikationspartner, die Wahl passender Interaktionsstile oder Nachrichtenaustauschmuster (etwa: synchron/asynchron, publish-subsribe, peer-to-peer).

Siehe auch 9.11 (Kommunikation und Integration) sowie [Hohpe+03] und [Buschmann+07].

9.13 Ausnahme- und Fehlerbehandlung

Wie werden Programmfehler und Ausnahmen systematisch und konsistent behandelt? Wie kann das System nach einem Fehler wieder in einen konsistenten Zustand gelangen? Geschieht dies automatisch oder ist manueller Eingriff erforderlich?

Welche Art Ausnahmen und Fehler behandelt ihr System? Welche Art Ausnahmen werden an welche Außenschnittstelle weitergeleitet und welche Ausnahmen behandelt das System komplett intern? Wie nutzen Sie die Exception-Handling-Mechanismen Ihrer Programmiersprache? Verwenden Sie checked- oder unchecked-Exceptions?

Siehe auch 9.15 (Logging und Tracing).

9.14 Systemmanagement und Administrierbarkeit

Größere IT-Systeme laufen häufig in kontrollierten Ablaufumgebungen (Rechenzentren) unter der Kontrolle von Operatoren oder Administratoren ab. Diese Stakeholder benötigen einerseits spezifische Informationen über den Zustand der Programme zur Laufzeit, andererseits auch spezielle Eingriffs- oder Konfigurationsmöglichkeiten.

9.15 Logging und Tracing

Sowohl beim Logging als auch beim Tracing werden zur Laufzeit Auskünfte über den Status des Systems und der Verarbeitung ausgegeben. Logging kann fachliche oder technische Protokollierung sein – oder eine beliebige Kombination von beidem. Fachliche Protokolle werden gewöhnlich anwenderspezifisch aufbereitet und übersetzt. Sie dienen Endbenutzern, Administratoren oder Betreibern von Softwaresystemen und liefern Informationen über die vom Programm abgewickelten Geschäftsprozesse. Technische Protokolle sind Informationen für Betreiber oder Entwickler. Sie dienen der Fehlersuche sowie der Systemoptimierung.

Tracing soll Debugging-Informationen für Entwickler oder Supportmitarbeiter liefern. Es dient primär zur Fehlersuche und -analyse.

Konzipieren Sie hier, ob Sie Log- oder Tracebefehle manuell in den Programmcode aufnehmen und welche Bibliotheken oder Frameworks sie verwenden. Geben Sie unterschiedliche Detaillierungen von Logging oder Tracing vor und Mittel zu deren Konfiguration. Alternativ können Sie mit Hilfe aspektorientierter Programmierung Logging oder Tracing auch zur Laufzeit in ihr System einweben lassen – ganz nach Ihrem Architektengeschmack ☺.

Siehe auch 9.13 (Ausnahme- und Fehlerbehandlung) sowie 9.16 (Konfigurierbarkeit).

9.16 Konfigurierbarkeit

Die Flexibilität von IT-Systemem wird unter anderem durch ihre Konfigurierbarkeit beeinflusst, d. h. durch die Möglichkeit, manche Entscheidungen hinsichtlich der Systemnutzung erst spät zu treffen. Die Konfiguration kann zu folgenden Zeitpunkten erfolgen:

- Während der Programmierung: Dabei werden beispielsweise Server-, Datei- oder Verzeichnisnamen direkt (d. h. hart codiert) in den Programmcode aufgenommen.
- Während des Deployments oder der Installation: Hier werden Konfigurationsinformationen für eine bestimmte Installation angegeben, etwa der Installationspfad.
- Beim Systemstart: Hier werden Informationen vor oder beim Programmstart dynamisch gelesen.
- Während des Programmablaufs: Konfigurationsinformation wird zur Programmlaufzeit erfragt oder gelesen.

9.17 Parallelisierung und Threading

Programme können in parallelen Prozessen oder Threads ablaufen – was die Notwendigkeit von Synchronisationspunkten mit sich bringt. Die Grundlagen für dieses Konzept hat die Theorie nebenläufiger Verarbeitung gelegt. Für die Architektur und Implementierung nebenläufiger Systeme sind viele technische Detailaspekte zu berücksichtigen (Adressräume, Arten von Synchronisationsmechanismen wie Guards, Mailboxes, Rendezvous oder Semaphore, Prozesse und Threads, Parallelität im Betriebssystem, Parallelität in virtuellen Maschinen und andere).

Ein Wort zur Vorsicht: Entwurf und Programmierung paralleler Prozesse gehört zu den schwierigsten Aufgaben der Softwareentwicklung. Versuchen Sie, diese Komplexität zu vermeiden, falls möglich.

9.18 Internationalisierung

Internationalisierung bedeutet die Unterstützung für den Einsatz von Systemen in unterschiedlichen Ländern sowie Anpassung der Systeme an länderspezifische Merkmale. Bei der Internationalisierung (aufgrund der 18 Buchstaben zwischen I und n des englischen Begriffs *Internationalisation* auch i18n genannt) geht es neben der Übersetzung von Aus- oder Eingabetexten auch um verwendete Zeichensätze, Orientierung von Schriften am Bildschirm und andere (äußerliche) Aspekte.

Siehe 9.2 (Benutzungsoberfläche) und 9.3 (Ergonomie).

9.19 Skalierung

Konzepte zur Skalierung hinsichtlich Benutzerzahlen, Datenmengen oder Hardware werfen z. B. folgende Fragestellungen auf: Welche Maßnahmen ergreifen Sie, um das System bei Bedarf auf mehreren Rechnern parallel ablaufen zu lassen oder viel größere Datenmengen damit zu bearbeiten?

9.20 Hochverfügbarkeit & Desaster-Recovery

Wie stellen Sie die Verfügbarkeit des Systems im täglichen Betrieb sicher? Wie können Sie nach Ausnahme- oder Fehlersituationen möglichst schnell und ohne Datenverluste das System wieder in Betrieb nehmen? Können Sie solche Ausfälle vor den Benutzern verbergen oder sie verhindern, zumindest aber im Nachhinein korrigieren? Mit welchen Maßnahmen stellen Sie nach (katastrophalen) Fehlersituationen wieder einen konsistenten Arbeitszustand her?

9.21 Migration

Für viele neu entwickelte Systeme gibt es existierende Altsysteme, die durch die neuen Systeme abgelöst werden sollen. Denken Sie als Architekt nicht nur an Ihre neue, schöne Architektur, sondern rechtzeitig auch an alle organisatorischen und technischen Aspekte, die zur Einführung oder Migration der Architektur beachtet werden müssen. Beispiele:

- Konzept, Vorgehensweise oder Werkzeuge zur Datenübernahme und der initialen Befüllung mit Daten
- Konzept zur Systemeinführung oder zum zeitweiligen Parallelbetrieb von Alt- und Neusystem
- Müssen Sie bestehende Daten migrieren?
- Wie führen Sie die benötigten syntaktischen oder semantischen Transformationen durch?

9.22 Testbarkeit

Unterstützung für einfache (und möglichst automatische) Tests. Diese Eigenschaft bildet die Grundlage für das wichtige Erfolgsmuster „Continuous Integration". In Projekten sollte mindestens täglich der gesamte Stand der Entwicklung gebaut und (automatisch) getestet werden – daher spielt Testbarkeit eine wichtige Rolle. Wichtige Stichworte hierzu sind Unit-Tests und Mock-Objekte.

9.23 Codegenerierung

Wo und wie setzen Sie Codegeneratoren ein, um Teile des Systems aus Modellen oder domänenspezifischen Sprachen (DSLs) zu generieren? Welche Bausteine werden generiert, und wie arbeiten generierte mit manuell implementierten Teilen zusammen? Wie halten Sie generierten und manuell erstellen Code synchron?

9.24 Build-Management

Wie wird das Gesamtsystem aus seinen einzelnen (Quellcode-)Bausteinen gebaut? In welchen Repositories liegt Quellcode, wo liegen Konfigurationsdateien, Testfälle und Testdaten sowie Build-Skripte (make, nmake, ant, maven)?

Build-Management legt unter anderem fest, welche Verteilungsartefakte erzeugt werden. Siehe dazu arc42-Kap. 7.

10 Entwurfsentscheidungen

Beschreiben Sie hier die wesentlichen Entwurfsentscheidungen. Dazu gehören mindestens die folgenden Kategorien: Entscheidungen
- mit lang anhaltender Wirkung (Grundlagenentscheidungen, strategische Entscheidungen),
- mit Überraschungseffekt für zukünftige Entwickler oder Architekten – also Entscheidungen, die von Normal- oder Standardlösungen abweichen,
- unter hohen Risiken oder hohem Zeitdruck getroffen,
- mit beträchtlicher Auswirkung auf Qualitätsmerkmale.

Halten Sie fest, wer, wann und warum diese Entscheidungen getroffen hat. Vermerken Sie (optional), welche Alternativen es gab und warum diese verworfen wurden. Freitext genügt hier – Ihr Ziel sollte es sein, das langfristige Verständnis für solche Entscheidungen und deren Konsequenzen zu schaffen.

Verwenden Sie dazu etwa folgende Struktur:

Entscheidung	Datum und Entscheider	Gründe, Konsequenzen, Alternativen

Dabei besitzen die Spalten folgende Bedeutung:

- Entscheidung: Geben Sie an, was genau entschieden wurde.
- Datum/Entscheider: Wer oder welche Gruppe hat zu welchem Zeitpunkt entschieden?
- Begründung: Hier sollten Sie neben dem eigentlichen Grund bei Bedarf auch noch mögliche Alternativen, Konsequenzen sowie zusammenhängende Entscheidungen aufführen.

Verweisen Sie auf die betroffenen Bausteine der Bausteinsicht (siehe arc42-Kap. 5), technische Konzepte (siehe arc42-Kap. 9) oder weiterführende Dokumente.

Ausführliche Begründungen beschreiben Sie bitte in Unterkapiteln oder eigenständigen Dokumenten, statt sie in die Tabelle zu quetschen.

11 Qualitätsszenarien

Eine wichtige Methode zur Bewertung von System- und Software-Architekturen ist ATAM (siehe [Clements+01] und [Starke 11]), die *Architecture Tradeoff Analysis Method*. Ihr Ziel ist die Identifikation von Risiken und Nicht-Risiken hinsichtlich der geforderten Qualitätsmerkmale, auf Basis sogenannter Szenarien.

11.1 Qualitätsbaum

Ausgangspunkt für die Identifikation von Chancen und Risiken ist ein Qualitätsbaum. Definieren Sie für Ihre Architektur, welche Qualitätseigenschaften ausschlaggebend sind. Starten Sie mit den Qualitätszielen aus Kapitel 1.2. Zerlegen und präzisieren Sie jede der gewünschten Qualitätseigenschaften, bis Sie zu den detaillierten Eigenschaften konkrete Szenarien angeben können, durch deren Diskussion ein Bewertungsteam aus Fachleuten feststellen kann, wie gut Ihre Architektur dieses Szenario erfüllt oder wie risikobehaftet Ihre diesbezüglichen Architekturentscheidungen sind. Bewerten Sie nur solche Szenarien, die sowohl aus geschäftlicher Sicht relevant wie auch aus architektureller Sicht herausfordernd sind. Beschreiben Sie jedes Szenario, wie im folgenden Abschnitt angegeben.

11.2 Qualitätsszenarien

Szenarien beschreiben, was beim Eintreffen eines Stimulus auf ein System in bestimmten Situationen geschieht. Sie charakterisieren damit das Zusammenspiel von Stakeholdern mit dem System. Szenarien operationalisieren Qualitätsmerkmale und machen sie messbar. Wesentlich für die meisten Systemarchitekten sind zwei Arten von Szenarien:

- Nutzungsszenarien (auch Anwendungs- oder Anwendungsfallszenarien genannt) beschreiben, wie das System zur Laufzeit auf einen bestimmten Auslöser reagieren soll. Hierunter fallen auch Szenarien zur Beschreibung von Effizienz oder Performance. Beispiel: Das System beantwortet eine Benutzeranfrage innerhalb einer Sekunde. Nutzungsszenarien besitzen oftmals einen engen Bezug zur Laufzeitsicht. Sie beschreiben das Verhalten des Systems oder einzelner Bestandteile zur Laufzeit.

- Änderungsszenarien beschreiben eine Modifikation des Systems oder seiner unmittelbarer Umgebung. Beispiel: Eine zusätzliche Funktionalität wird implementiert, oder die Anforderung an ein Qualitätsmerkmal ändert sich.

Falls Sie sicherheitskritische Systeme entwerfen, ist eine dritte Art von Szenarien für Sie wichtig:

- Grenz- oder Stress-Szenarien beschreiben, wie das System auf Extremsituationen reagiert. Beispiele: Wie reagiert das System auf einen vollständigen Stromausfall, einen gravierenden Hardwarefehler oder Ähnliches.

Beispiele für Bewertungsszenarien:

- Nutzungsszenarien:
Im Falle fataler Festplattenfehler auf dem Client muss sich das System ohne Absturz geordnet herunterfahren. Der Report über sämtliche Transaktionen eines Werktages muss innerhalb von 15 Minuten nach Geschäftsschluss erstellt werden können.
Ein Operator muss innerhalb von maximal zehn Minuten in der

Lage sein, das System komplett neu zu starten.Die zentralen Buchungs- und Rechnungsdaten dürfen nicht durch unbefugte Zugriffe per Internet abrufbar sein.

- Änderungsszenarien:
Die Einführung neuer Tarifierungsvorschriften muss mit einem Gesamtaufwand von 25 PT implementiert, getestet und in Betrieb genommen werden können (Voraussetzung: Testfälle vorhanden). Das System muss innerhalb von 100 PT auf eine neue Version des Corporate-Layout umgestellt werden können.

Bereits zu Beginn dieses Buchkapitels haben wir Ihnen empfohlen, niemals eine Systementwicklung ohne explizite und klar definierte Architekturziele zu beginnen. Die Qualitätsszenarien dieses arc42-Kapitels können Ihnen helfen, die Qualitäts- und Architekturziele Ihres Systems zu präzisieren und zu operationalisieren.

Tipp: Verwenden Sie Bewertungsszenarien zur Dokumentation von Qualitätsanforderungen

Erstellen Sie Bewertungsszenarien grundsätzlich mit den wichtigsten Projektbeteiligten, den sogenannten *maßgeblichen Stakeholdern*. Bringen Sie diese Stakeholder in einem zwei- bis vierstündigen Treffen („Szenario-Workshop") zusammen, um gemeinsam diese Szenarien zu erarbeiten. Das Ziel dieses Workshops sind abgestimmte und möglichst konkrete Qualitätsszenarien als Verfeinerung und Präzisierung der Systemanforderungen. Bringen Sie als Vorbereitung einige Beispiele von Szenarien in den Workshop mit, um den Beteiligten Form und möglichen Inhalt transparent zu machen. [Clements+01] sowie [Starke 11] enthalten viele Tipps zur Erarbeitung solcher Szenarien.

---

12 Risiken

In diesem arc42-Hauptkapitel sammeln Sie eine geordnete Liste der erkannten technischen Risiken.

Tim Lister von der Atlantic Systems Guild stellte provozierend fest: „Risikomanagement ist Projektmanagement für Erwachsene". Unter diesem Motto sollten Sie technische Risiken in der Architektur gezielt ermitteln, bewerten und dem Projektmanagement als Teil der gesamten Risikoanalyse zur Verfügung stellen. Tun Sie dies in Form einer Liste, in der pro Risiko die Eintrittswahrscheinlichkeit, die Schadenshöhe und Maßnahmen zur Risikovermeidung oder Risikominimierung aufgeführt werden.

Das Kapitel ersetzt nicht das Risiko- oder Anforderungsmanagement im Projekt, sondern soll dieses unterstützen bzw. aufzeigen, welche besonderen Anforderungen und Risiken im Zusammenhang mit der Systemarchitektur existieren.

13 Glossar

Eine Liste oder Tabelle der wichtigsten Begriffe mit Definition. Kann entfallen, wenn Sie über ein gepflegtes Projektglossar verfügen.

Andere Ansätze zur Beschreibung von Software-Architekturen

[arc42] ist nicht das einzige publizierte Architekturbeschreibungsschema (aber unser liebstes ☺). Im Folgenden haben wir einige weitere, bekannte Ansätze für Sie zusammengestellt.

[Clements+10], geschrieben von Mitarbeitern des Software-Engineering-Institutes (SEI), stellt die Dokumentation von Software-Architekturen mit Hilfe unterschiedlicher Sichten im Detail vor. Die Autoren schlagen vor, für jede Software-Architektur zuerst die jeweils geeigneten Sichten formal zu definieren. Wir persönlich halten diesen Ansatz in „normalen" Situationen für zu aufwändig. Das Buch selbst enthält allerdings eine Menge von Tipps zum Aufbau guter Dokumentationen. Wer über viel Zeit und großes Budget verfügt, dem hilft es sicherlich weiter.

[Knöpfel+06] und [FMC] beschreiben den Ansatz der *fundamental modeling concepts* (FMC), einer Kombination aus einer Blockdiagramm-Notation, Petrinetzen und ER-Diagrammen zur Beschreibung von Softwaresystemen. Auch FMC enthält die Grundidee unterschiedlicher Sichten, jedoch halten wir die Kombination der FMC-Notationen mangels passender Werkzeuge für praktisch schwer einsetzbar. Entgegen den recht abstrakten Ansätzen von [Clements+10] könnten Sie FMC-Notation jedoch in Kombination mit den meisten Ansätzen aus [arc42] verwenden.

Weitere Templates für Software- und IT-Architekturen finden Sie in [DODAF], [FEAF], [IEEE 1471], [MODAF], [TOGAF] und [RM/ODP]. Die halten wir allesamt für ziemlich schwergewichtig, aufwändig anzuwenden und primär für Projekte oder Systeme geeignet, die über große Mengen an Geld und viel Zeit verfügen.

Ausreden, Einwände und passende Antworten

Im Rahmen unserer Trainings- und Beratungstätigkeit im Kontext von Software-Architekturen stoßen wir immer wieder auf dieselben Fragen und Einwände zu arc42. Die wichtigsten davon greifen wir in diesem Kapitel auf und geben Antwort darauf. Wenn Ihnen weitere Fragen unter den Nägeln brennen, so schicken Sie uns diese an info@arc42.de. Wir versprechen, sie auf unserer Website zu beantworten.

Das klingt viel zu aufwändig für mein Projekt. Wird das überhaupt funktionieren?

Unsere Erfahrung aus vielen Projekten unterschiedlicher Größen aus verschiedensten Branchen sagt eindeutig: arc42 funktioniert.

Wir selbst haben die Architektur mehrerer großer Systeme auf Basis von arc42 in kurzer Zeit dokumentiert. Die festen Strukturen ermöglichen einen schnellen Start und fungieren gleichzeitig als Checkliste. In der Bausteinsicht können und müssen Sie entscheiden, bis zu welchem Detailgrad Sie dokumentieren oder vorgeben. In jedem Fall ermöglicht arc42 die Konzentration auf die wesentlichen Bestandteile Ihrer Architekturen. Falls Sie nur sehr wenig Zeit für Architektur und deren Dokumentation haben, dann müssen Sie in jedem Fall (ob mit oder ohne arc42) Dinge weglassen.

Warum verwenden wir nicht IEEE-1471 oder ähnliche Standards zur Beschreibung von Software-Architekturen?

Der IEEE-1471-Standard (*Recommended Practice for Architecture Description of Software-Intensive Systems*) definiert Architekturbeschreibungen auf Basis eines ausführlichen Metamodells. Er lässt Software-Architekten sehr viel Freiheit bei der Dokumentation, insofern gibt es bei diesem Standard keine fest vorgegebene Gliederungsstruktur. Eine solche halten wir jedoch für Verständnis für sehr wichtig. Sie müssen IEEE-1471 in jedem Fall für Ihr System (oder Ihre Organisation) spezifisch anpassen.

Außerdem übersteigt unserer Ansicht nach die Anzahl von ungefähr 30 möglichen Sichten bei IEEE-1471 das kognitive Fassungsvermögen der meisten Menschen (vielleicht von Koryphäen wie Stephen Hawking abgesehen).

Wie entwerfe ich die Bausteinsicht?

Leider können wir Ihnen auf diese Frage keine *einfache* Antwort geben, sondern müssen Ihnen überlassen Ihre Entwurfsentscheidungen auch zukünftig selbst zu treffen. Immerhin haben wir einige Vorschläge, die Sie beim Entwurf der Bausteinsicht unterstützen:

- Trennen Sie fachliche Strukturen von technischen Dingen. Beginnen Sie mit dem Entwurf fachlicher Strukturen, getreu den Ansätzen des *Domain Driven Design*. Wir haben damit über lange Jahre gute Erfahrungen gesammelt. Gute Hinweise dazu finden Sie in [Nilsson 06] und [Evans 03]. Diese beiden Bücher enthalten die Essenz vieler Jahre Software-Engineering und geben Ihnen wertvolle Anregungen zum Architekturentwurf.

- Entwickeln Sie frühzeitig Lösungsideen für die zentralen technischen Konzepte (beispielsweise Persistenz, Benutzeroberfläche, Ablaufsteuerung, Integration und Verteilung). Entscheiden Sie, welche Lösungsansätze dafür infrage kommen und leiten daraus erste Bausteinstrukturen ab.

- Patterns („Abschreiben für Fortgeschrittene, Teil 1"). Orientieren Sie sich an bewährten Architekturmustern, insbesondere aus den hervorragenden Quellen [Buschmann+96], [Fowler 03] und [Buschmann+07]. Dort finden Sie klassische Muster wie „Schichten", „Pipes & Filter", „Domain-Model" und andere nützliche Strukturen mit ihren Vor- und Nachteilen erläutert. Einen kurzen Abriss finden Sie im Kapitel „Grundlagen, die Sie kennen sollten" ab Seite 24. Der Platz in diesem Buch genügt leider nicht, um diese Muster ausführlicher zu erläutern.

- Übernehmen Sie Strukturen und Ideen aus anderen Projekten Ihrer Organisation oder Ihres Unternehmens („Abschreiben für Fortgeschrittene, Teil 2"). Hat ein Team in Ihrer Organisation ein ähnliches Problem schon gelöst? Fragen Sie bei anderen Software-Architekten nach Vorschlägen oder Lösungsansätzen. Diese können ruhig aus anderen Branchen oder Domänen stammen – oft ist hier Kreativität und Transferleistung gefragt.

- Schließlich berücksichtigen Sie die Einflüsse, die Ihre konkrete Technik (beispielsweise Programmiersprachen und Frameworks) ausübt. Davon hängen Ihre technischen Konzepte ab, was wiederum Auswirkungen auf Ihre Bausteinstrukturen besitzt. Berücksichtigen Sie dabei Ihre Randbedingungen, insbesondere die technischen.

Tipps zum Entwurf der Bausteinsicht:

- Überprüfen Sie Ihre Entscheidungen für Bausteinstrukturen anhand von Prototypen oder Piloten. Ein testgetriebenes Vorgehen (Test Driven Development, TDD, siehe [Meszaros 07]) hilft Ihnen dabei, die Konsequenzen solcher Entscheidungen sehr schnell zu erkennen. Insofern ist TDD ein mächtiges Hilfsmittel beim Architekturentwurf! [Nilsson 06] führt das anhand vieler Beispiele aus.
- Diskutieren Sie Ihre Entwürfe mit Entwicklern und Architekten-KollegInnen. Deren Rückmeldungen geben Ihnen wertvolle Hinweise für Verbesserungen.
- Verwenden Sie die anderen Sichten (Laufzeit- und Verteilungssicht) sowie die technischen Konzepte, um die Bausteinstrukturen zu überprüfen.
- Wenn Sie beim Entwurf der Bausteinsicht nicht weiterkommen, dann skizzieren Sie zwischendurch ein Laufzeitszenario.

Wie tief oder detailliert soll ich beschreiben?

Zunächst gilt grundsätzlich: Architektur und Architekturbeschreibungen sind kein Selbstzweck, sondern ein Mittel auf dem Weg zum lauffähigen System. Deshalb gilt die Grunderkenntnis von Alistair Cockburn: oberstes Ziel im Projekt ist ein lauffähiges System, das die Wünsche der Stakeholder erfüllt. Aber zweites Ziel ist es, sich für die nächste Runde richtig aufzustellen (d. h. die nächste Iteration, den nächsten Release, ...).

Sie brauchen also so viel Architekturdokumentation, dass es im Folgeprojekt zu keinen aufwändigen Reengineering-Arbeiten kommt.

Das Herzstück der Architekturdokumentation ist die Bausteinsicht. Sie ist die Abstraktion des Quellcodes. Wägen Sie den Vorteil einer zusätzlichen Ebene Bausteinsicht gegen den Reengineering-Aufwand für den dahinterliegenden Quellcode ab. Bei Bausteinen mit 300 Zeilen Quellcode lohnt sich wahrscheinlich keine weitere Whitebox-Darstellung in der Architektur. Bei 3 000 Zeilen Quellcode (das sind bereits ca. 60 Seiten Ausdruck!) sollten Sie eher den einmaligen Dokumentationsaufwand treiben, um sich den n-maligen Reengineering-Aufwand zu sparen. Bei Bausteinen, die 10 000 und mehr Zeilen Quellcode abstrahieren, sollten Sie definitiv noch etwas mehr Architekturentscheidungen in Form von kleineren Bausteinen dokumentieren.

Wenn Sie Ihren Quellcode mittels MDD-Techniken generieren, so müssen die Bausteine zumindest so ausführlich beschrieben sein, wie der Generator es als Input erwartet.

Sie sollten auch Ihre Personalfluktuation im Zusammenhang mit der Architekturdokumentation unter die Lupe nehmen. Wenn Sie das Risiko sehen, dass diejenigen, die die Architektur entwickelt haben, demnächst nicht mehr zur Verfügung stehen, sollten Sie eher mehr dokumentieren. Wenn Sie ein stabiles Team von Architekten haben, die alle mit dem Gesamtsystem vertraut sind, dann können Sie eher das Risiko von weniger Dokumentation in Kauf nehmen.

Wie aktuell muss meine Architekturdokumentation sein? Muss man bei jeder Quellcode-Änderung auch die Architekturdokumentation anpassen?

Wiederum: wenn Sie aus der Architekturdokumentation Quellcode generieren wollen, dann selbstverständlich. Andernfalls gibt es sicherlich eine ganze Menge Änderungen, die die Struktur des Systems nicht betreffen (Änderungen unterhalb Ihrer feinsten Whitebox-Dokumentation). Ihre Taktik sollte also lauten: Prüfen Sie bei einer Quellcode-Änderung, ob die bestehende Architekturdokumentation betroffen ist; wenn ja, dann bitte anpassen. Insbesondere Änderungen an Schnittstellen sollten Sie sehr ernst nehmen, denn Schnittstellen sind Verträge, auf die sich Partner verlassen!

Eine weitere Taktik lautet: Beschränken Sie sich auf die Dokumentation architekturrelevanter Sachverhalte. Sie müssen selbst genügend Augenmaß mitbringen, um diese Relevanz zu entscheiden.

Rein praktisch kann es vorkommen, dass Sie während der Arbeit am Quellcode die Änderungen an der Architektur u. U. mit Bleistift im Dokument vermerken und dieses dann alle zwei bis vier Wochen auf den neuesten Stand bringen. Das erspart Ihnen das Hin- und Herspringen zwischen Dokumenten und das Öffnen und Schließen verschiedener Werkzeuge.

Wann schreibe ich welches Kapitel? Wann entwerfe ich welche Teile meines Systems?

Grundsätzlich gilt: Es gibt keine vorgeschriebene Reihenfolge für das Füllen der arc42-Kapitel. Analog dazu gibt es ja auch keine vorgeschriebene Reihenfolge für den Entwurf der Architektur. Betrachten Sie das arc42-Gliederungsschema als Repository, als Schrank mit Schubladen. Wann immer Sie Informationen haben, die in eine bestimmte Schublade gehören, füllen Sie diese dort ein.

Trotzdem lassen sich einige Hinweise zur Reihenfolge geben. Zunächst zum Aufbau der Gesamtdokumentation: Sorgen Sie dafür, dass das arc42-Kap. 1.2 (Qualitätsziele) auf jedem Fall sehr früh schriftlich gefüllt wird und für alle Beteiligten zugänglich ist. Außerdem sollten Sie dafür sorgen, dass die Kontextabgrenzung als einer der ersten dokumentierten Fakten im Projekt vorliegt. Denn sie bestimmt die Schnittstellen zu allen Nachbarsystemen, bei denen Sie u. U. starke Zwänge und wenig Freiheitsgrade haben. (Eine Ausnahme bilden nur Forschungsprojekte, bei denen der Scope absichtlich lange offen gelassen wird.)

Zu den drei Sichten gibt es definitiv keine Vorschläge über die Reihenfolge der Erstellung. In Hardware-/Softwareprojekten bestimmen oft die Rechnerwahl und deren Vernetzung die Gesamtstruktur der Software. Dann sollten Sie auch mit der Verteilungssicht beginnen, insbesondere wenn Entscheidungen zur Hardware schon lange vor den Entscheidungen über die Softwarestruktur feststehen. Bausteinsicht oder Laufzeitsicht zuerst ist eine Geschmacksfrage. Manche Architekten denken lieber in Abläufen und bevorzugen Laufzeitszenarien als Ausgangspunkt, um die passenden Bausteine zu finden. Andere können sich beim Entwurf der statischen Bausteinsicht die dann möglichen Abläufe wunderbar im Kopf vorstellen. Es reicht die Dokumentation der Bausteine und ihrer Abhängigkeiten. Die Laufzeitsicht wird dann nur zur Verifikation der Bausteine herangezogen oder als Mittel für die Kommunikation mit Personen, die sich anhand der statischen Bausteinbeschreibung noch zu wenig vorstellen können, wie das System funktionieren soll.

Da alle drei Sichten eine hierarchische Gliederung (eine Verfeinerungshierarchie) zulassen, ergibt sich auch noch die Frage: Soll diese Hierarchie top-down, bottom-up, middle-out, outside-in oder inside-out entwickelt werden? Und die Antwort ist: ja! Alles davon ist möglich und unter bestimmten Randbedingungen auch sinnvoll. Wenn Sie ein System neu konzipieren, so bietet sich eher ein Top-down-Ansatz an: Treffen Sie die wichtigsten Strukturentscheidungen für die Baustein (und bei verteilten Systemen für die Verteilungssicht) zuerst. Überprüfen Sie die Entscheidungen jedoch relativ rasch durch Prototypen und/oder Laufzeitszenarien. Wenn Sie ein bestehendes System ergänzen und erweitern, müssen Sie die Top-Level-Architektur nicht unbedingt vollständig und ausführlich nachdokumentieren. (Sie sehen, wir gehen wieder von der realistischen Annahme aus, dass für ein bestehendes System keine Architekturdokumentation von Ihren Vorgängern greifbar ist ☹). Es reicht, die Gesamtstruktur zu skizzieren und an den Teilsystemen detailliert zu dokumentieren, die Thema des anstehenden Projektes sind. Mehr dazu auch in der nächsten Frage.

Kann ich arc42 auch für Systemerweiterungen und Umbauten verwenden?

Was haben Sie erwartet? Unsere Antwort lautet natürlich ja! Wir setzen das arc42-Template auch für laufende Erweiterungen ein. Hier bietet sich jedoch aus Aufwands- und Budgetgründen eine Deltadokumentation an. Die Grundidee dabei: Dokumentieren Sie nur so viel, wie Sie für die Erweiterung oder den Umbau benötigen. Reduzieren Sie Ihren Ehrgeiz bezüglich Vollständigkeit und Konsistenz der Architekturdokumentation.

Jetzt kommt wieder der Vorteil einer vordefinierten und standardisierten Gliederung zum Tragen: Sie wissen, welche Information an welcher Stelle stehen sollte. Da Sie aber keine Zeit für die vollständige Nachdokumentation haben, füllen Sie nur diejenigen Kapitel, die Sie für die Erweiterung ohnehin entscheiden müssen. Sie schaffen sich aber so viel von dem Rahmen, dass Sie die Information anhängen können.

Wenn Sie also einen Baustein auf Verfeinerungsebene 3 ergänzen oder modifizieren wollen, so dokumentieren Sie auf den Ebenen 1 und 2 nur den Rahmen für den neuen Baustein. Sie zeichnen z. B. eine Skizze der obersten Zerlegung in Form eines Paketdiagramms, füllen aber nicht alle Blackbox-Templates aus. Sie öffnen auch nur den einen Baustein als Whitebox auf Ebene 2, in dem dann eine Ebene tiefer Ihr neuer Baustein Platz findet. Sie verzichten auf die Whitebox-Beschreibungen der höheren Ebenen. Nachdem Ihr neuer Baustein aber sicherlich nicht isoliert dasteht, werden Sie soviel von den Nachbarbausteinen einzeichnen, wie Sie für die Klarstellung der Schnittstellen Ihres neuen Bausteins brauchen. Und diese Nachbarbausteine werden als Blackbox nur soweit beschrieben, dass die Leistung, die Ihr neuer Baustein braucht, angedeutet wird. Eine ausführliche Beschreibung dieses Deltaverfahrens finden Sie als White Paper im Downloadbereich von [arc42].

Mit welchen Werkzeugen erstelle ich meine Architekturdokumentation?

Für die Gesamtdokumentation eignen sich Textverarbeitungswerkzeuge wie Microsoft-Word™, weil sie überall verfügbar sind und von vielen Personen beherrscht werden. Außerdem erlauben Sie, die Kapitelstruktur der Dokumentation auf einfache Weise anzulegen (Die Download-Version von [arc42] ist daher in diesem Format verfügbar.). Mehrere gleichzeitige Benutzer benötigen allerdings organisatorische Regelungen, um konfliktfrei mit diesem Ansatz arbeiten zu können. Weiterhin gestaltet sich Versionsverwaltung von Dokumenten schwierig – aber das kennen Word-Benutzer ja zur Genüge ☹.

Deutlich flexibler sind Wiki-Systeme: Sie bringen Versionierung und Mehrbenutzerfähigkeit oftmals direkt mit, sind dafür allerdings an einen zentralen Server und eine Online-Verbindung gebunden. Unserer Erfahrung nach arten Wikis gerade in großen Projekten zu chaotischen Datengräbern aus – sie benötigen ständige Pflege, um die notwendige Ordnung zu behalten.

Für Grafiken und Diagramme bieten sich marktübliche UML-Werkzeuge an. Einfache Werkzeuge gibt es teilweise kostenfrei, die leistungsfähigen beginnen bei 300–500 €. Wesentlich teurere Werkzeuge besitzen zusätzliche Leistungsmerkmale, wie etwa Quellcodegenerierung, Modellsimulation und -animation. Einige solcher Werkzeuge erlauben es, die komplette Kapitelstruktur als Schablone zu hinterlegen und die Dokumentation dann aus dem Werkzeug heraus zu generieren. Vordefinierte Beispiel-Repositories für die verbreiteten UML-Werkzeuge Enterprise Architect™ und Magicdraw™ finden Sie auf der Website [arc42].

Falls Ihnen kein ordentliches Modellierungswerkzeug zur Verfügung steht, können Sie mit einfachen Zeichenwerkzeugen arbeiten – wovon wir Ihnen jedoch dringend abraten! Für das verbreitete Werkzeug Visio™ und ähnliche gibt es hilfreiche Schablonen für UML – beispielsweise unter www.phruby.com oder www.sophist.de.

Tipps:
- Die Architekturdokumentation gehört unter Versionsverwaltung – ohne Ausnahme und ohne Ausrede. Gewöhnen Sie Ihre Projektmitarbeiter daher an Subversion, Git, Mercurial & Co.
- Dokumentation muss abnahmerelevant sein! Sie sollten niemals Software ohne angemessene Architekturdokumentation ausliefern!

- Fangen Sie sehr pragmatisch an (z. B. mit Textverarbeitung und einem Zeichenprogramm). Halten Sie Ihre Erwartungshaltung bezüglich Automatisierung der Dokumentation bei Updates gering.
- Legen Sie bei umfangreicher Dokumentation, an der mehrere Personen parallel arbeiten, eine Verzeichnisstruktur auf dem Dateisystem an, die einzelne Teile der Architekturdokumentation enthält (z. B. ein Verzeichnis pro Subsystem oder Teilprojekt).
- Wenn Sie im Projekt ein Wiki zur Verfügung haben, dann nutzen Sie es für die Architekturdokumentation.

Wie hängt die Architekturdokumentation mit dem Lastenheft (oder meiner Requirements-Spezifikation) zusammen?

Die Bausteine Ihrer Architektur erfüllen in Ihrem Zusammenspiel die Anforderungen aus dem Lastenheft. Der formale Zusammenhang wird daher in der Blackbox-Beschreibung der Bausteine hergestellt. Dort finden Sie einen Verweis auf die erfüllten Anforderungen, also z. B. auf Anwendungsfälle oder Schritte davon oder auf Datenstrukturen, die gefordert waren. Aus Sicht der Architektur wird damit die „Pre-Traceability" sichergestellt, also die Rückverfolgbarkeit von der Lösung zu den Anforderungen. Umgekehrt müssen Sie „falls dies in Ihrem Vorgehensmodell oder Hausstandard gefordert wird" auch die „Post-Trace-ability" aus dem Lastenheft sicherstellen. Sie müssen dort bei jeder nummerierten Anforderung den Verweis auf die Stelle im Architekturdokument einfügen, an der die Anforderung erfüllt ist. Etwas komplexer ist das Nachvollziehen nichtfunktionaler Anforderungen. Diese müssen entweder im Lastenheft oder aber im Design so weit präzisiert werden, dass man sie in der Lösung nachweisen kann. Die Links werden dann von den nichtfunktionalen Anforderungen entweder auf Bausteine oder auf Knoten und Kanäle der Verteilungssicht gezogen. Eine Performanz-Anforderung kann z. B. durch geeignete Hardwareauswahl sichergestellt werden oder aber durch Algorithmen, deren Laufzeitverhalten die entsprechende Leistung sicherstellt.

Der letzte Schritt der Traceability ist einfach: Da die Bausteine eine Abstraktion des Quellcodes sind, finden Sie bei jedem Baustein in der Blackbox-Beschreibung eine Liste der zugehörigen Quellcodedateien, evtl. auch die zugehörigen Testfälle. Somit haben Sie komplette Nachvollziehbarkeit vom Lastenheft bis zum Quellcode und seinen Testfällen.

Tipp: Traceability auf hoher Ebene herstellen
Stellen Sie die Nachvollziehbarkeit auf möglichst hoher Ebene in der Verfeinerungshierarchie her. Das spart Hunderte von Links in den Details. Wenn sich eine gewünschte Funktionalität komplett durch einen großen Baustein erfüllen lässt, so brauchen Sie bei keiner der Verfeinerungen dieses Bausteins an Traceability zu denken. Auch das spricht für die klare Trennung von Fachlichkeit und Technik, da sich dann Domänenanforderungen leichter auf die Domänenbausteine abbilden lassen

Wohin kommen die Bausteine meiner fachlichen Architektur (fachliche oder Domänen-Klassen)?

Eine elegante Möglichkeit besteht darin, eine (technikfreie) Domänenschicht in Ihrer Architektur zu definieren, wie wir das beispielsweise im Architekturmuster „Layer" auf Seite 44 vorgeschlagen haben. Allgemein obliegt es Ihrer Entscheidungsfreiheit als Software-Architekt, geeignete Stellen für die fachlichen Teile des Systems auszuwählen – eine allgemeingültige Lösung dafür gibt es nicht.

Wie kann ich bei der Verfeinerung der Bausteinsicht Teile aus mehreren Blackboxes der darüberliegenden Ebene verwenden?

Ganz einfach: Sie zeigen eine Whitebox, die aus mehreren darüberliegenden Bausteinen entsteht. Die Abbildung auf der nächsten Seite zeigt ein Beispiel dafür.

Wie beschreibe ich Schnittstellen?

Wir empfehlen Ihnen in Abhängigkeit von der Art der Schnittstelle einen der beiden folgenden Ansätze zur Beschreibung zu wählen:
- Ressourcenorientierter Ansatz (siehe dazu [Clements+10], [Starke 11]): Allgemein gesprochen übertragen Schnittstellen Daten oder Steuerungsinformationen, Ressourcen genannt, zwischen Bausteinen oder Systemen.
- Service- oder dienstorientierter Ansatz: Ein Baustein bietet eine bestimmte Dienstleistung an, neudeutsch auch Service genannt. Diese Art der Schnittstellen steht im Fokus der seit einigen Jahren aufkommenden Service-Orientierung der gesamten IT, genannt „SOA".
- Beide Varianten stellen wir Ihnen weiter unten vor.

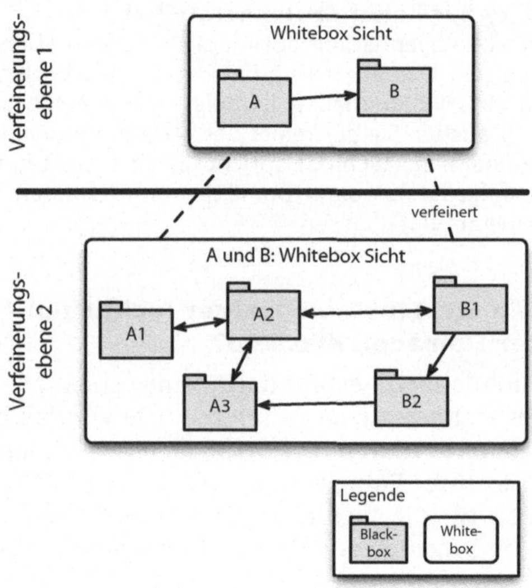

Tipps zur Auswahl der passenden Beschreibungsmethode für Schnittstellen:

▨ Verwenden Sie den ressourcenorientierten Ansatz, wenn bei der Schnittstelle Daten, Dateien, Dokumente oder Informationen im Vordergrund stehen.

▨ Verwenden Sie den serviceorientierten Ansatz, wenn Abläufe, Prozesse, oder Funktionen der Schnittstelle im Vordergrund stehen.

▨ Falls Sie sich nicht entscheiden können, so beginnen Sie mit der ressourcenorientierten Beschreibung – denn irgendwelche Ressourcen werden bei Schnittstellen praktisch immer zwischen Sender und Empfänger ausgetauscht – Sie können damit also kaum etwas falsch machen ☺.

Wie beschreibe ich Schnittstellen gemäß dem ressourcenorientierten Ansatz?

Wie schon bei Black- oder Whitebox-Bausteinen können Sie zur ressourcenorientierten Beschreibung ein Template verwenden:

Identifikation	Genaue Bezeichnung (inklusive Version) der Schnittstelle
Sender/Auslöser	Welcher Baustein löst die Übertragung der Ressource aus?
Empfänger	Welcher Baustein empfängt die Ressource?
Ressource	Welche Ressourcen überträgt diese Schnittstelle?
Kanal/Medium	Über welches Medium oder welche Kanäle findet die Übertragung der Ressource physisch statt?
Ablauf	Welche einzelnen Schritte sind zur Übertragung der Ressource nötig?
Fehlerszenarien	Welche Fehler können hier auftreten, und wie werden sie behandelt?
Variabilität	Konfigurationsparameter der Schnittstelle
Qualitätsmerkmale	Welche Quality-of-Service-Anforderungen erfüllt die Schnittstelle?
Benutzungshinweie	Hinweise oder Beispiele zur Benutzung dieser Schnittstelle

Identifikation

Bezeichnen Sie diese Schnittstelle möglichst „sprechend". Wir empfehlen, hier eine Versionsbezeichnung mitzuführen, um die Evolution von Schnittstellen nachvollziehen zu können.

Sender/Auslöser

Welcher Baustein oder welches System löst die Benutzung dieser Schnittstelle (also die Übertragung der Ressource) aus? Hier, wie auch beim nachfolgenden Empfänger, genügt der Name des Bausteins.

Empfänger

Welcher Baustein oder welches System empfangen die Ressource über diese Schnittstelle?

Ressource

Hier sollten Sie sowohl die Syntax wie auch die Semantik der Ressource, d. h. der über die Schnittstelle zwischen Sender und Empfänger ausgetauschten Daten, beschreiben. Ziel ist es, diese Ressource so präzise wie nötig zu beschreiben. Folgende Möglichkeiten könnten für Sie infrage kommen:

- Signaturen der Methoden oder Funktionen, die der Empfänger an dieser Schnittstelle anbietet, mit Datentypen und eventuell geltenden Konsistenzbedingungen oder Restriktionen.
- Struktur der übertragenen Daten: Diese könnten Sie beispielsweise als XML-Schema beschreiben, oder auch als Tabelle der übertragenen Datenelemente. Weitere Alternativen sind Entity-Relationship- oder Klassendiagramme oder andere Arten von Modellen.

Tipps zur Beschreibung von Ressourcen:

- Nichts geht über ein Beispiel: Ergänzen Sie die abstrakte Beschreibung der Ressource um konkrete Beispiele der übertragenen Daten.
- Gerade für externe Schnittstellen existiert oftmals bereits eine umfangreiche Dokumentation von Daten-oder Dateistrukturen. Nutzen Sie diese existierenden Quellen und verweisen Sie darauf.

Kanal/Medium

Über welche Kanäle oder Medien wird die Ressource physisch übertragen? Wird zwischen Systemen eine DVD ausgetauscht die eine bestimmte Datei enthalten muss, erwartet der Empfänger eine Datei in einem bestimmten Verzeichnis oder eine Anfrage über ein bestimmtes technisches Protokoll (etwa HTTP)?

Ablauf

In welchen Einzelschritten läuft die Übertragung der Ressource von Sender zu Empfänger genau ab? Müssen vor der eigentlichen Übertragung noch vorbereitende Aktionen an anderen Stellen ausgelöst werden? Diesen Ablauf bezeichnet man auch als *Protokoll* der Schnittstelle.

Stellen Sie hier auch die Vor- und Nachbedingungen dar, die erfüllt werden müssen.

Fehlerszenarien

Welche Fehler oder Fehlerarten können bei der Benutzung dieser Schnittstelle auftreten? Wer kann diese Fehler wie behandeln? Konzentrieren Sie sich auf die Arten von Fehlern, die das System überhaupt behandeln kann oder muss. Dieser Abschnitt sollte in Zusammenhang mit den technischen Konzepten zur Fehlerbehandlung (siehe arc42-Abschn. 9.13, siehe S. 84) stehen.

Variabilität

Kann das Verhalten der Schnittstelle durch ihre Konfiguration verändert werden? Beschreiben Sie hier die möglichen Parameter („Stellschrauben"), die irgendwelche Eigenschaften der Schnittstelle steuern.

Qualitätsmerkmale (Quality-of-Service)

Beschreiben Sie hier, welchen nichtfunktionalen Anforderungen, beispielsweise hinsichtlich Datenmengen, Durchsatz, Antwortzeiten, Verfügbarkeit, Robustheit, Sicherheit und anderen, diese Schnittstelle genügen muss.

Benutzungshinweise

Beschreiben Sie, wie diese Schnittstelle benutzt werden soll. Zeigen Sie etwa an Codebeispielen, wie diese Schnittstelle aufzurufen ist (falls Sie jetzt an Unit-Tests denken, dann fühlen Sie sich gelobt.).

Hier können auch andere *Metainformationen* stehen, die zur Nutzung dieser Schnittstelle gehören:

- Welche Rechte benötigt ein Benutzer, um diese Schnittstelle nutzen zu können?
- Zu welchen Zeiten ist diese Schnittstelle überhaupt nutzbar?
- Wer sind die (menschlichen) Ansprechpartner für diese Schnittstelle?

Wie beschreibe ich Schnittstellen gemäß dem serviceorientierten Ansatz?

Hier haben Sie zwei *standardisierte* Möglichkeiten:

- Die CORBA *Interface Definition Language* (IDL), entworfen und standardisiert von der Object Management Group (OMG): IDL erlaubt die technologie- und programmiersprachenneutrale Beschreibung von Schnittstellen. Bei Bedarf finden Sie ausführliche Sprachbeschreibungen in der Literatur.
- Die Web-Service Description Language (WSDL), standardisiert vom World-Wide-Web Consortium (W3 C). Sie bezieht sich auf den Aus-

tausch XML-basierter Nachrichten – was heute in betriebswirtschaftlichen Systemen sehr verbreitet ist.

Eine dritte Variante macht sich zunutze, dass der serviceorientierte Ansatz dem einer Programmierschnittstelle nahekommt: Beschreiben Sie die Signaturen (d. h. Methoden oder Funktionen plus Parameter) der Schnittstelle, indem Sie die Semantik dieser Methoden oder Funktionen darstellen. Sie können hierzu eine beliebige Mischung aus Modellen und Text verwenden.

In jedem Fall empfehlen wir Ihnen, Schnittstellenbeschreibungen grundsätzlich durch Benutzungshinweise mit Beispielen anzureichern (siehe die Erläuterung zum ressourcenorientierten Ansatz).

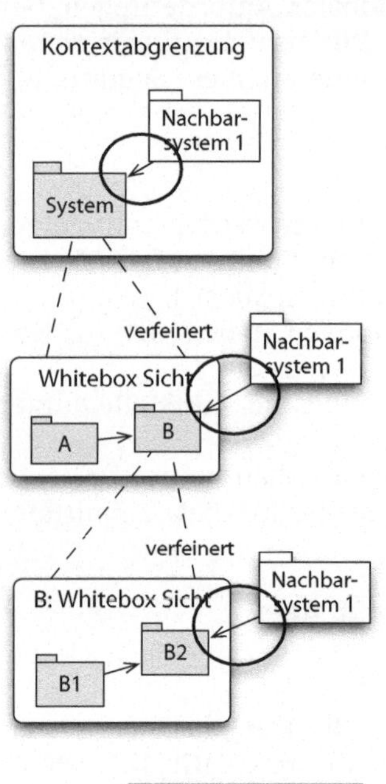

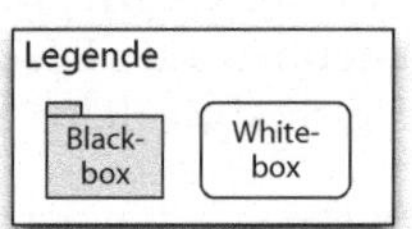

Wo beschreibe ich die Details der externen Schnittstellen?

Die Schnittstellen des Systems zur Außenwelt können theoretisch in mehreren Verfeinerungsebenen der Bausteinsicht auftreten, siehe nebenstehende Abbildung.

Details dieser Schnittstellen sollten Sie jedoch nur an einer einzigen Stelle beschreiben. Überall dort, wo eine bestimmte Schnittstelle verwendet wird, sollten Sie einen Verweis auf deren detaillierte Dokumentation anbringen!

Tipps (wo sollten Sie Details externer Schnittstellen beschreiben):

▪ Ein mögliches Entscheidungskriterium für die Wahl des geeigneten Platzes der Schnittstellenbeschreibung ist die Wiederverwendung des betroffenen Bausteins: Beschreiben Sie Details immer dort, wo Sie sie wiederverwenden wollen. Wollen Sie im Beispiel der obenstehenden Abbildung etwa den Baustein „B2" wiederverwenden, dann gehören die Details der Schnittstelle zum „Nachbarsystem 1" genau zur Blackbox-Beschreibung von B2.

▪ Für externe Schnittstellen empfehlen wir, die Details so weit wie möglich vorne in der Dokumentation darzustellen oder sie in eigene Schnittstellendokumente auszulagern.

Darf ich arc42 in kommerziellen Projekten verwenden? Unter welcher Lizenz steht arc42?

 Siehe http://creativecommons.org/licenses/by-sa/ 3.0/de/.

arc42 steht unter der „Creative-Commons-Share-Alike-Version-3.0-Lizenz", sie dürfen arc42 („das Werk") demnach ohne Lizenzgebühr oder andere organisatorische Komplikationen vervielfältigen, verbreiten und öffentlich zugänglich machen, sowie Abwandlungen bzw. Bearbeitungen des Inhaltes anfertigen, unter der Bedingung, dass Sie die Namen der Autoren dabei nennen und das Werk nur unter identischen Bedingungen weitergeben. Bei Fragen dazu können Sie sich gerne an uns wenden.

Siehe http://creativecommons.org.

Quintessenz

Zum Abschluss noch ein kleiner Merkzettel für Ihren Weg als Software-Architekt.

Iterativ

Arbeiten Sie grundsätzlich immer iterativ. Unabhängig von Vorgehensmodellen und organisationsweiten Entwicklungsprozessen sollten Sie kontinuierlich Ihre (Zwischen-)Ergebnisse beim Entwerfen, Entscheiden, Entwickeln, Kommunizieren und Dokumentieren kritisch hinterfragen. Achten Sie dabei besonders auf die Rückmeldungen anderer Beteiligter. Ihre Iterationen können zwischen Minuten und Wochen dauern – je nach Aufgabe und gewünschtem Ergebnis.

Aktiv

Verhalten Sie sich aktiv. Agieren Sie von sich heraus, fordern Sie aktiv Ergebnisse von anderen Projektbeteiligten ein, statt passiv zu warten. Sie tragen als Software-Architekt die (große) Verantwortung für die innere Qualität eines Systems, dessen Langlebigkeit, Flexibilität, Verständlichkeit und korrekte Funktion. Dafür benötigen Sie viel Unterstützung und die Zulieferungen von anderen Menschen – fordern Sie diese Leistungen aktiv ein.

Fordern Sie insbesondere Rückmeldungen zu Ihren Arbeitsergebnissen ein, diese benötigen Sie nämlich für Ihr iteratives Arbeiten!

0-Rhesus-Negativ-Mentalität

„0-Rhesus-Negativ" bezeichnet die mit allen anderen kompatible Blutgruppe. Als Software-Architekt sollten Sie Ihre Kommunikation kompatibel mit den anderen Projektbeteiligten halten. Sprechen Sie die Sprachen Ihrer Stakeholder – lernen Sie fachliche Dialekte, aber auch die Fachbegriffe der Rechenzentren, Hardware-Designer oder anderer Beteiligter. Wir setzen voraus, dass Sie *geek-speak* und technischen Slang verhandlungssicher in Wort und Schrift beherrschen.

Mutig

Verhalten Sie sich mutig, nicht waghalsig. Insbesondere zum Entscheiden gehört Mut. Manche Entscheidungen können für einige Projektbeteiligte unbequem sein – müssen aber getroffen werden. Viele

Entscheidungen müssen Sie unter Unsicherheiten treffen, d. h. ohne Kenntnis sämtlicher Fakten oder Informationen.

Ein praktischer Tipp für besonders wichtige Entscheidungen: Legen Sie mit den Betroffenen vorab fest, zu welchem Zeitpunkt diese Entscheidung sinnvoll getroffen werden sollte. Bis zu diesem Zeitpunkt können sie als Team dann Informationen sammeln, um die Entscheidung vorzubereiten. An diesem Zeitpunkt entscheiden Sie dann. Dokumentieren Sie die Gründe, Faktenlage und die Ihnen bekannten Vor- und Nachteile der Entscheidungen. Nur Mut! Oftmals hilft dem Projekt eine suboptimale Entscheidung mehr weiter, als lang dauernde Unsicherheit.

Sie benötigen auch Mut, um mit Ihren Kunden oder Auftraggebern über Anforderungen oder Randbedingungen zu verhandeln: Prüfen Sie in jedem Fall die Anforderungen. Weisen Sie Ihre Auftraggeber mutig auf übermäßig *teure* (d. h. nicht angemessene) Anforderungen hin – also solche, deren Lösung hohe Aufwände, Komplexität oder Risiken bedeutet.

Kundenorientiert

So oft lesen wir dieses Wort in Imagebroschüren und Firmenpräsentationen, aber so selten erleben wir echte Kundenorientierung in der Praxis. Stellen Sie die Wünsche und Bedürfnisse Ihrer Kunden und Auftraggeber in den Vordergrund Ihrer Tätigkeit. Sowohl Qualitätsmerkmale wie auch Randbedingungen sollten Sie von Ihren Kunden übernehmen – und sich in keinem Fall selbst ausdenken (es sei denn, Ihr Kunde fordert Sie dazu ausdrücklich auf).

Das bekannte Anti-Pattern hierzu lautet: Goldene Wasserhähne (die der Kunde nicht bestellt hat).

Angemessenheit

Angemessenheit ist eines der schwierigsten Worte für Software-Architekten: Sie müssen angemessene Strukturen mit angemessenen technischen Konzepten entwerfen, dabei angemessene Entscheidungen treffen und angemessen kommunizieren. Niemand kann für Sie quantitativ festlegen, wie viel von jedem denn *angemessen* bedeutet – aber jeder erwartet, dass Sie in Ihrer Rolle als Software-Architekt das passende Maß finden. Vielleicht finden Sie *Ein Quantum Trost* darin, dass andere Arten von Architekten auch keine Definition haben, sondern ebenfalls ihre jeweilige Erfahrung spielen lassen.

Risiken und Komplexität

Risikomanagement gehört zu den klassischen Aufgaben Ihrer Projektleiter. Insbesondere bei den technischen Risiken müssen Sie als Software-Architekt hier zuarbeiten. Agieren Sie hinsichtlich Risiken besonders *aktiv* und *mutig*: Weisen Sie auf mögliche Risiken hin, zeigen Sie deren Konsequenzen auf. Wenn nötig mehrfach – schließlich tragen Sie die Verantwortung!

Wichtig: Komplexität ist ein Risiko – wenn durch Anforderungen oder Randbedingungen unnötige Komplexität im System entsteht, sollten Sie dies vorab aufzeigen und zu klären versuchen.

Halten Sie für Risiken einen *Plan-B* parat, d. h., zeigen Sie den Betroffenen echte Alternativen und Abhilfen auf!

Perspektiven

Wechseln Sie bewusst von Zeit zu Zeit Ihre Perspektive. Hier einige Beispiele für Perspektivenwechsel, die Ihre persönliche Produktivität und Effektivität steigern helfen:

- Wechsel zwischen statischen und dynamischen Sichten innerhalb Ihrer Architektur
- Wechsel zwischen Strukturen und technischen Konzepten – beide müssen einander ergänzen und zueinander passen
- Wechsel zwischen Anforderung und Lösung – als Architekt müssen Sie stets ein möglichst klares Bild der aktuellen (!) Anforderungen haben, um die jeweils dazu angemessene, passende Lösung zu entwerfen
- Wechsel zwischen Top-down- und Bottom-up-Vorgehen. Arbeiten Sie zeitweise von *ganz oben*, aus der Vogelperspektive, wechseln Sie zwischenzeitlich zur detaillierten Ansicht von *ganz unten*
- Wechsel zwischen Black- und Whiteboxes: Sowohl die Außen- wie auch die Innensicht müssen Sie für viele Ihrer Architekturbausteine im Blick behalten
- Wechsel zwischen Entwicklungs-, Betriebs- und Wartungsfokus. Gerne dürfen Sie auch weitere Stakeholder Ihres Systems intensiv berücksichtigen ☺.

Antizipation

Während des Betriebs Ihrer Systeme kommen garantiert viele Änderungswünsche oder neue Anforderungen auf Sie zu. Bei den langen

Lebenszeiten unserer Software ändern sich aber auch die verfügbaren Technologien, Werkzeuge, Frameworks und andere Hilfsmittel. Antizipieren Sie solche Änderungen, indem Sie *aktiv* die Kommunikation mit den Kunden suchen, mit langjährigen Branchenkennern sprechen und Technologietrends aufmerksam verfolgen.

Selbsteinschätzung

Sie müssen lernen, Ihre eigenen Fähigkeiten realistisch einzuschätzen. Wenn Ihnen die Randbedingungen eine bestimmte OpenSource-Bibliothek vorschreiben, Ihnen damit aber jegliche Entwicklungserfahrung fehlt, dann sollten Sie bei Bedarf entsprechende Experten zu Rate ziehen. Gleiches gilt für die am Anfang dieses Buches dargestellten Architektenaufgaben: Bearbeiten Sie die Dinge selbst, die Sie gut können. Delegieren Sie manche Aufgaben lieber, als schlechte oder gar keine Ergebnisse selbst abzuliefern!

Verantwortung als Software-Architekt wahrzunehmen heißt nicht, sämtliche Dinge selbst erledigen zu müssen – sondern sicherzustellen, dass sämtliche Dinge angemessen gut erledigt werden – und sei es durch andere Personen!

Lernen

Schließlich erfordert Ihre anspruchsvolle Aufgabe, dass Sie ständig weiter lernen. Unserer Ansicht nach gehört eine fast unstillbare *Neugier* zu den Merkmalen der besten Architekten: Sowohl Ihre technischen als auch Ihre kommunikativen und diplomatischen Fähigkeiten benötigen kontinuierliche Weiterentwicklung und Verbesserung. Lernen Sie von Ihren Teams, lesen Sie, probieren Sie aus. Regen Sie an, dass in Ihren Projekten regelmäßig Retrospektiven stattfinden, um die Erfahrungen der Mitarbeiter im Team zu verbreiten. Gründen Sie Architektenzirkel zum regelmäßigen Erfahrungsaustausch und konstantem Weiterlernen unter Gleichgesinnten.

Wir wünschen Ihnen viel Spaß und Erfolg bei der faszinierenden und verantwortungsvollen Tätigkeit als Software-Architekt – may the force be with you.

Die Autoren

Dr. Peter Hruschka

Studium der Informatik und Promotion zur Thema „Echtzeitsprachen" an der TU Wien. 18 Jahre (von 1976–1994) in einem großen deutschen Software- und Systemhaus, das seinen Namen öfter geändert hat (von GEI zu debis-Systemhaus zu CAP debis ...). Schwerpunkt der Tätigkeit: Software-Engineering Ausbildung, Beratung in Zusammenhang mit der Entwicklung eines der ersten international erfolgreichen Modellierungstools (ProMod).

Seit 1994 selbständig als Trainer, Berater und Projektcoach mit Schwerpunkt im Bereich von Embedded Real-Time Systems und Hardware/Software-Codesign (Automotive, Telekommunikation, Gerätehersteller, Prozess-Steuerung, ...). Principal und Partner der Atlantic Systems Guild, einer international renommierten Gruppe von Softwaretechnologie-Experten und Gründer des deutschen Netzwerks agiler Entwickler (www.b-agile.de).

Autor und Koautor mehrerer deutscher und englischer Fachbücher im Umfeld von Software- und System-Engineering, insbesondere Analyse- und Architekturmethoden für Embedded Real-Time Systems, sowie der „Soft Factors" in Projekten.

Kontakt: www.systemsguild.com, hruschka@b-agile.de

Dr. Gernot Starke

Studium der Informatik an der RWTH Aachen. 1988 Mitgründer und Geschäftsführer der Qualidata Software und Consulting GmbH in Aachen. Promotion mit Schwerpunkt Software-Engineering an der RWTH Aachen und der Johannes-Kepler-Universität Linz. Zwischen 1990 und 2002 als Softwareentwickler, Software-Architekt, IT-Architekt, Prozessberater, Projektleiter und Coach für diverse IT-Dienstleister (Schumann Unternehmensberatung AG, Systor AG, blueCarat AG) tätig. Technischer Direktor des „Object Reality Center", einem Joint-Venture von Sun Microsystems und der Schumann AG.

Seit 2002 unterstützt er als selbständiger Berater und Coach Unternehmen unterschiedlicher Branchen (u. a. Finanzen, Logistik, Handel, Automobil, Telekommunikation, öffentliche Organisationen, Gesundheit, Dienstleistung) in den Themen Software-Architektur und -Engineering, iterative und agile Entwicklungsprozesse, Reviews, Retrospektiven sowie Outsourcing. Seit Anfang 2011 Berufung zum innoQ-Fellow.

Autor mehrerer Fachbücher über Software-Architektur, Entwicklungsprozesse, Patterns sowie serviceorientierte Architekturen.

Kontakt: www.gernotstarke.de, gs@gernotstarke.de

Beide zusammen ...

- Initiatoren, Gründer und Betreiber von arc42.
- Entwicklung des Curriculums für Software-Architekten („Mastering Software Architectures").
- (Gemeinsam mit ca. 15 renommierten Experten) Gründungsmitglieder von ISAQB (International Software Architecture Qualification Board, www.isaqb.org).
- Zahlreiche gemeinsame Beratungs- und Reviewprojekte sowie gemeinsame Vorträge und Publikationen.

Literatur zu Software-Architektur kompakt

Wir möchten Ihnen einen Startpunkt für weitere Beschäftigung mit dem Thema geben, dabei jedoch zwischen empfehlen und zitieren unterscheiden. Sie finden unsere Empfehlungen nachfolgend optisch gekennzeichnet.

☙ [arc42] arc42 – Das freie Portal für Software-Architekten. Online: www.arc42.de. Das haben wir selbst entwickelt, über einige Jahre erprobt und setzen es ständig in Projekten ein – und es ist *Freeware*.

☙ [ASG 08] Atlantic Systems Guild: Adrenalin-Junkies und Formular-Zombies. Carl-Hanser Verlag, 2008. Wahrheiten aus vielen Personenjahren Projektalltag. Gewinner des Jolt-Awards 2009.

☙ [Bass+04] Len Bass, Paul Clements, Rick Kazman: Practical Software Architecture. 2. Auflage, Addision-Wesley 2004.

☙ [Buschmann+96] Frank Buschmann, Regine Meunier, Hans Rohnert, Peter Sommerlad, Michael Stal: Pattern-Oriented Software Architecture: A System of Patterns. Volume 1 der POSA-Serie. Wiley, 1996.

[Buschmann+07] Frank Buschmann, Kevlin Henney, Doug Schmidt: Pattern-Oriented Software Architecture: A Pattern Language for Distributed Computing. Volume 4 der POSA-Serie. Wiley, 2007.

[Cert-RE] Website des "International Requiements Engineering Board", Online: www.certified-re.de

[Clements+01] Paul Clements et. al: Evaluating Software Architectures. Addision-Wesley, 2001. Einführung in die Bewertungsmethode ATAM.

[Clements+10] Paul Clements, Felix Bachmann, Len Bass. Documenting Software Architectures. Views and Beyond. Addison-Wesley, 2. Auflage, 2010.

[DODAF] Department of Defense Architecture Framework. Übersicht bei Wikipedia: http://en.wikipedia.org/wiki/Department_of_Defense_Architecture_Framework. Ziemlich schwergewichtig.

♦ [Evans 03] Eric Evans. Domain Driven Design. Tackling Complexity in the Heart of Software. Addison-Wesley, 2003.

[FEAF] Federal Enterprise Architecture Framework. Online: www.whitehouse.gov/omb/egov/a-1-fea.html. Das Weiße Haus zu Enterprise-Architektur.

[FMC] Fundamental Modeling Concepts. Online: www.fmc-modeling. org.

♦ [Fowler 03] Martin Fowler: Patterns of Enterprise Application Architecture. Addison-Wesley, 2003.

[GoF 95] Gamma, E., R. Helm, R. Johnson, J. Vlissides: (diese Vier werden als *Gang-of-Four* (GoF) bezeichnet): Design Patterns. Addison-Wesley, 1995.

♦ [Hargis+04] Gretchen Hargis, Michelle Caray, Ann Hernandez: Technical Quality Technical Information: A Handbook for Writers and Editors. Prentice Hall, 2004. Eine hervorragend strukturierte Einführung in die Methodik technischer Dokumentation, geschrieben von erfahrenen technischen Editoren der IBM.

♦ [Hohpe+03] Gregor Hohpe, Bobby Woolf: Enterprise Integration Patterns – Designing, Building and Deploying Messaging Solutins. Addison-Wesley, 2003. Patterns vom Feinsten, für asynchron gekoppelte Systeme.

[IEEE 1471] IEEE Recommended Best Practices for Architectural Description of Software-Intensive Systems. Online: www.iso-architecture. org/ieee-1471/

[ISO 9126] ISO-standardisiertes Qualitätsmodell für Software. Begriffsdefinition (9126-1), interne Metriken (9126-2) bzw. externe Metriken (9126-3). Als pdf-Versionen verfügbar unter www.iso.org

[Knöpfel+06] Andreas Knöpfel, Bernhard Gröne, Peter Tabeling. Fundamental Modeling Concepts. Effective Communication of IT Systems. Wiley, 2006.

♦ [Kruchten 95] Philippe Kruchten: The "4+1" View Model of Software Architecture: IEEE Software 12(6) November 1995. Online: www.cs.ubc.ca/~gregor/teaching/papers/4+1view-architecture.pdf

♦ [Meszaros 07] Gerard Meszaros: xUnit Test Patterns: Refactoring Test Code. Addision-Wesley, 2007. Ein echter Schatz unter den codelastigen IT-Büchern: Meszaros beschreibt in Muster-Form, wie Sie Ihre automatischen Tests verbessern – und gleichzeitig damit auch Ihre Systeme flexibler gestalten können.

[MODAF] Ministry of Defense Architecture Framework. Online: www.modaf.org.uk/. Das britische Verteidigungsministerium über Enterprise Architektur.

♦ [Nilsson 06] Jimmy Nilson: Appying Domain-Driven Design and Patterns. Addison-Wesley, 2006. Praxis- und codenahe Einführung in Domain-Driven-Design und Test-Driven Development. Sehr gute Ergänzung zu [Evans 03].

[Rechenberg 03] Peter Rechenberg: Technsiches Schreiben. Carl Hanser Verlag, 2003.

[RM/ODP] Reference Model for Open Distributed Processing. Online: www.rm-odp.net/

[Rozanski+05] Nick Rozanski, Eoin Woods. Software Systems Architecture: Working With Stakeholders Using Viewpoints and Perspectives.

[Rupp+05] Chris Rupp et. Al: UML 2 glasklar. Praxiswissen für die UML Modellierung und -Zertifizierung. 2. Auflage, dpunkt-Verlag 2005.

[Schneider 86] Wolf Schneider: Deutsch für Profis. Goldmann 1986.

[Shaw+96] Mary Shaw, David Garlan: Software Architecture: Perspectives on an Emerging Discipline. Prentice Hall, 1996.

[Starke 11] Gernot Starke: Effektive Software-Architekturen – Ein praktischer Leitfaden. 5. Auflage, Carl-Hanser Verlag, 2011

[Sun-MVC] Erläuterungen zum Model-View-Controller Architekturmuster: Online: http://java.sun.com/blueprints/patterns/MVC-detailed.html

[TOGAF] The OpenGroup Architecture Framework. www.opengroup.org. Ziemlich schwergewichtig.

 [Volere] Volere Template für Requirements, www.volere.de. Erprobte Starthilfe für Anforderungen – erleichtert auch Software-Architekten ihre Arbeit.

 [Zinsser 01] William Zinsser: On Writing Well – The Classic Guide To Writing Nonfiction. Quill / Harper Collins. 25th anniversary edition, 2001 (1. Auflage 1976).

[Züllighoven 05] Heinz Züllighoven: Object-Oriented Construction Handbook. Elsevier, Morgan-Kaufmann & dpunkt, 2005.

Sachverzeichnis